El
Intercesor
Poderoso

• ¿Es usted un creyente que anhela profundizar su vida de oración, pero lucha con un sentido de culpa y no apto? *"El Intercesor Poderoso"* aumentará su entendimiento de oración y le provee una guía práctica que le ayudará a ser un intercesor efectivo.
Ruthanne Garlock, coautora del libro "Cómo orar por sus hijos".

• Dios está levantando un ejército de oración en estos días. Elizabeth Alves, reconocida líder de intercesión y guerra espiritual, ha escrito un libro práctico y sólidamente escritural para lograr una vida de oración eficaz. Lo recomiendo especialmente. Bendecirá su vida.
Pastor Claudio Freidzon –Iglesia Rey de Reyes

• Elizabeth tiene mucho para compartir con el Cuerpo de Cristo. Tiene una capacidad maravillosa para traer el poder de la oración a nuestro andar diario.
Jane Hansen, presidente de Aglow Internacional.

• *"El Intercesor Poderoso"*, es una guía práctica y dinámica, que ayudará a despertar un renovado interés por la oración diaria, descubriendo las estrategias y armas espirituales, que Dios ha puesto a disposición de todos Sus hijos.
En este nuevo milenio, nos enfrentamos a "nuevos gigantes". Como soldados en las filas del Señor, debemos estar preparados, para enfrentar la gran batalla del tiempo final, sabiendo que tenemos la victoria asegurada.
Pastor Claudio Olier-Mar del Plata

• Elizabeth Alves es mi amiga personal aprecio la influencia de sus oraciones en mi vida. Su libro contiene lo esencial de oraciones poderosas. Enseña tanto lo básico de la oración como principios que puedan hacernos poderosos y efectivos intercesores.
Ted Haggard, Pastor principal de la Iglesia de New Life, Colorado Springs, Colorado

El Intercesor Poderoso

Una Guía para la Intercesión Eficaz

Elizabeth Alves

"La oración del justo obrando
eficazmente, puede mucho"
—Santiago 5:16

Sin Dios, no podemos.
Sin nosotros, Dios no lo hará.
—San Agustín

Editorial
DESAFIO

EDITORIAL
UNILIT

Los versículos han sido tomados de la Biblia Reina Valera Revisión 1960; con excepción del capítulo ORACIONES DIARIAS en el cual también se usaron las versiones "Dios Habla Hoy" y La Biblia al Día".

"El Intercesor Poderoso", Una guía para la Intercesión Eficaz" por Elizabeth Alves
Editado por Asociación Editorial Buena Semilla
Apdo. 29724
Bogotá, Colombia

Traducido por Doris Cabrera Mora
Carátula diseñada por Fernando Triviño

Distribuido por: Editorial DESAFIO
Apdo. Aéreo 29724
Bogotá, Colombia

Editorial UNILIT
1360 N.W. Ave. 88th
Miami, FL 33172

Impreso en Colombia
Printed in Colombia

BUENA SEMILLA
Apartado 29724
Bogotá, Colombia

Categoría ORACION
Producto 497563
ISBN 958-9269-93-1

Dedicado a

La Gloria de Dios, el Padre,

Su Hijo y el Espíritu Santo

y a fieles intercesores alrededor del mundo que se han parado en la brecha por Sus líderes, continuamente edificando un halo de protección alrededor de ellos, para que reyes y reinos sean cambiados para la gloria de Dios.

Contenido

Prefacio

Un gran Movimiento de Oración fue propagado en el mundo en 1970. Se había inciado mucho antes en Korea, luego Dios comenzó a expandirlo en el resto del Cuerpo de Cristo, traspasando los límites de este país. Pastores de todas las denominaciones, en todas partes de Estados Unidos, estaban hablando acerca de la oración, enseñando acerca de la oración, y orando más que nunca antes en la historia. Y el interés por la oración continúa creciendo. Muchos sienten que estamos siendo testigos del inicio del gran avivamiento; un derramamiento mundial del Espíritu Santo sobre toda carne, en el cual veremos que grandes multitudes se entregarán a Jesús, y glorificarán a Dios.

Personalmente comencé a involucrarme con el movimiento de oración en 1987, haciéndolo prioridad en mi agenda para la investigación, la escritura, la enseñanza y el ministerio personal. Me da casi vergüenza admitir que antes de 1987 yo sabía muy poquito acerca de la oración. Al comenzar a reunir una cantidad considerable de literatura sobre la oración, uno de los que me aseguré tener fue *El Intecesor Poderoso*, en ese tiempo publicado en una edición anterior. Al leer *El Intecesor Poderoso,* me emocionó y alegró en gran manera que Elizabeth Alves, quien ha caminado durante todo este movimiento de oración, se haya decidido a compartir lo que ella aprendió con aquellos como yo. Este era el libro que necesitaba. En una forma un poco diferente, pero especial, Beth Alves dió exactamente la información que estaba buscando. La usé como guía para enseñar algunas de mis primeras lecciones sobre la oración.

Más tarde descubrí que Beth Alves era una persona muy especial, que había ganado una muy buena y extensa reputación como una de las primeras líderes de oración en Estados Unidos. Aunque anteriormente la había conocido personalmente, yo sabía que ella tenía una encantadora mezcla del don intercesor como así también la experiencia en oración, discipulando a otros para el ministerio de la oración. Ahora que he tenido el privilegio de conocerla por un tiempo, la admiro como una persona íntegra y como mujer de Dios.

El Intercesor Poderoso es el libro justo, en el momento justo. La demanda de un libro guía que hable acerca de todas las facetas de la oración, crece rápidamente a causa de todas las personas cristianas que se están involucrando con lo que el Espíritu está diciendo en todas las iglesias acerca de la oración hoy en día. Dios está llamando a Su gran ejército a orar, y ellos le dicen: "¡Muéstrame cómo!" No he encontrado mejor manual de entrenamiento que este libro. Explica qué es la oración, qué hace, cómo se ven las diferentes clases de oración, cómo escuchar a Dios mientras oramos, lo esencial de guerra espiritual y mucho más.

Leyendo y aplicando los principios de *El Intercesor Poderoso* usted tiene todo el potencial para sacudir su iglesia e impactar su comunidad decisivamente para el Reino de Dios.

— C. Peter Wagner
Fuller Theological Seminary
Pasadena, California

Reconocimientos

La tarea de escribir se acrecienta con facilidad cuando Dios envía ayudantes para estar al lado del escritor para alentarlo, aconsejarlo y asistirlo en su labor. Yo he sido bendecida de una manera muy especial en esta área y muchas otras también.

Primero que todo, mi esposo Floyd, quien me respaldó en oración, y pacientemente me aconsejó, corrigió y alentó cuando yo creía que iba a ser imposible.

Desde el principio, Carrie Hoffman, una amiga muy especial, me desafió y también inspiró a escribir este libro. No hubiera continuado si no hubiera sido por su aliento y su respaldo en oración.

Por más de seis meses, Quinett Sherrer trabajó casi tiempo completo en investigación y búsqueda de material. Ella, literalmente edificó el fundamento.

Mi amiga, Ruthanne Garlock, y Linda Fletcher, mi Asistente Administrativa, trabajaron muchas horas para completar la edición final.

Barbara Myers, por muchos años mi Secretaria Administrativa, pacientemente tipeó y retipeó los manuscritos a medida que pasó por muchos manuscritos. ¡Qué tenacidad la suya!

Fue Chris Cooper, el Coordinador del Desarrollo de Recursos, que pasó muchas horas trabajando en la segunda edición.

Joanna Virden se sumergió en Las Escrituras para ayudarme a recopilar las oraciones diarias, y el experto Maury Lloyd's proveyó el logo y las gráficas.

El personal de las oficinas, Ron Carl, Greg Carl y Cindy Divers todos juntos dieron una mano de ayuda donde era más necesaria. ¡Qué bendición!

Russ Whitley y Tommi Femrite se unieron para alentarnos y aconsejarnos en la segunda edición.

Gracias especialmente a mis compañeros de oración, quienes son de tanta fuerza espiritual para mí, ayudaron a dar a luz y a hacer realidad este libro, por medio de muchas horas de oración. Y a nuestros amigos del ministerio que por medio de sus donaciones de amor lo hicieron posible.

Pero por sobre todo, le doy gracias al Señor Jesucristo, quien nos permite conocerle íntimamente por medio del hermoso regalo (don) de la oración.

Introducción

Este libro está basado en el pasaje de Isaías, el cual afirma que Dios trabaja por medio nuestro. Sus oradores e intercesores en estos últimos días antes que el Señor regrese:

> Sobre tus muros, oh Jerusalén, he puesto guardas; todo el día y toda la noche no callarán jamás. Los que os acordáis de Jehová, no reposéis, ni le déis tregua, hasta que restablezca a Jerusalén, y la ponga por alabanza en la tierra. *Isaías 62:6-7*

Jerusalén y otras ciudades antiguas tenían centinelas o guardas y serenos que se posicionaban en los muros día y noche para estar atentos si algún peligro se acercaba. Se les requería llamarse el uno al otro, especialmente en momentos de peligro, con un grito corriendo de uno a otro lado del muro de la ciudad. El guarda o sereno tenía un puesto de guardia, en la puerta de la ciudad y en la torre adyacente, así como en las cimas mirando hacia los viñedos. El centinela era reponsable por su oficio, el cual requería mucha vigilancia y fidelidad.

La palabra guarda proviene de la raíz hebrea que quiere decir: "cercar alrededor (como con espinas); cuidar, generalmente proteger y observar desde la distancia".

La imagen moderna de un guarda del Antiguo Testamento es el intercesor. La ciudad de Jerusalén representa la iglesia, el Cuerpo de Cristo, al cual el intercesor debe cuidar, y también orar hasta que Dios establezca alabanza en la tierra. Y así como en la antigüedad un enemigo trataría de destruir al líder de la ciudad, y luego tomaría a su pueblo cautivo. Hoy día vemos al enemigo atacando a la iglesia tratando de destruir sus líderes espirituales.

En la tradición judía, una 'guardia' era un período de tres horas; ocho guardias cuidaban constantemente la ciudad para su protección. En Getsemaní Jesús le pidió a los discípulos que velaran sólo un tercio de la guardia. "El vino luego a sus discípulos, y los halló durmiendo, y dijo a Pedro, ¿Así que no habéis podido velar conmigo una hora?" *(Mateo 26:40)*. Como resultado, ellos no estaban preparados cuando el traidor y los soldados vinieron a arrestar a Jesús.

El deseo de orar, de comunicarnos con el Señor y de poder escuchar su voz, es algo que nace dentro de nosotros. He descubierto a través de los años que la mayoría de las personas escuchan la voz de Dios, pero no la reconocen. Esto puede traer frustración en la oración y la intercesión.

Así como lo dijeron los discípulos, yo también digo: "Señor, enséñame a orar". Dios honró mi oración dándome el regalo de tener un mentor, Vinita (Nonnie) Copland. Ella me enseñó la simpleza de la oración obteniendo resultados dinámicos. Compartiendo horas de oración con ella, descubrí que la oración no es una fórmula, sino un estilo de vida. Es tan importante como el pan cotidiano. Fue al estar sentada a sus pies, y por medio de su ejemplo que yo descrubrí mi llamado a la intercesión, y más tarde al ministerio que hoy lidero: *Intercesores Internacionales.*

Este ministerio comenzó en 1987 con la publicación del Manual de Oración (Prayer Manual) y el reclutamiento de un grupo de intercesores que se comprometieron a orar por misioneros, ministros y líderes espirituales. Fue un pequeño pero fructífero comienzo. Mientras que los líderes comenzaron a sentir el impacto que produce la cobertura de oración en compromiso, los intercesores incrementaron su visión al ver que sus oraciones hacían una gran diferencia en la vida de aquellos ministerios que estaban en el frente de batalla.

El Intercesor Poderoso no es un libro de reglas o fórmulas. Es una guía para ayudar a enriquecer su vida espiritual y darle un mejor entendimiento de lo básico de la oración.

Es mi oración que a medida que usted lea y estudie este libro, entre en un mayor conocimiento de Jesús, Su Palabra, Sus caminos; que aprenda a tener comunión a Sus pies y se transforme en un Poderoso Guerrero por medio de la oración.

—Elizabeth Alves
Intercesores Internacionales

Parte I

El Propósito
de la Oración

1

¿Qué es la Oración y por qué oramos?

La oración es responsabilidad de todo cristiano. Debemos obedecer la Palabra de Dios y Él allí nos dice que oremos. El verdadero propósito de la oración es determinar la voluntad de Dios en cuanto a algo, y orar acerca de ello hasta que se realice. Es un privilegio y un deber participar con Dios en la obra formadora de la vida de otras personas. "Más cosas son forjadas por medio de la oración de lo que este mundo puede soñar", escribió Alfred Tennyson hace más de cien años, lo cual sigue siendo hoy verdad.

> Exhorto ante todo, a que se hagan rogativas, oraciones, peticiones y acciones de gracias, por todos los hombres; por los reyes y por todos los que están en eminencia, para que vivamos quieta y reposadamente en toda piedad y honestidad. *1 Timoteo 2:1-2*

Así que, lejos sea de mí que peque yo contra Jehová cesando de rogar por vosotros; antes os instruiré en el camino bueno y recto. *1 Samuel 12:23*

Orando en todo tiempo con toda oración y súplica en el Espíritu, velando en ello con toda perseverancia y súplica por todos los santos. *Efesios 6:18*

Velad y orad, para que no entréis en tentación; el espíritu a la verdad está dispuesto, pero la carne es débil. *Mateo 26:41*

Orad sin cesar. *1 Tesalonicenses 5:17*

La oración es una prioridad. La oración tuvo prioridad en la vida de Jesús, aun más que el descanso físico, la vida social, y la comida. La oración fue la vía más importante de comunicación entre Jesús y Su Padre; lo mismo es válido para nosotros.

Despedida la multitud, subió al monte a orar aparte; y cuando llegó la noche, estaba allí solo. *Mateo 14:23*

En aquellos días él fue al monte a orar, y pasó la noche orando a Dios. *Lucas 6:12*

¡La Oración es un ministerio al Señor! Usted ha sido llamado a ser un sacerdote. El ministrar a Dios debe estar antes que el ministrar a las personas. No deje como hijo de Dios de ministrar a El en alabanza, en oración y en conversar con Él por medio de la oración y meditación de Su Palabra.

Este deber sacerdotal le fue otorgado por medio de la sangre de Jesús. Su Sangre lo ha justificado para que pueda entrar al Lugar Santísimo. Por lo tanto, entre con confianza y valor delante de Su presencia.

...según nos escogió en él antes de la fundación del mundo, para que fuésemos santos y sin mancha delante de él, en amor habiéndonos predestinado para ser adoptados hijos suyos por medio de Jesucristo,... *Efesios 1:4-5*

Mas vosotros sois linaje escogido, real sacerdocio, nación santa, pueblo adquirido por Dios, para que anunciéis las virtudes de aquel que os llamó de las tinieblas a su luz admirable. *1 Pedro 2:9*

Vosotros también, como piedras vivas, sed edificados como casa espiritual y sacerdocio santo, para ofrecer sacrificios espirituales aceptables a Dios por medio de Jesucristo. *1 Pedro 2:5*

El sacrificio de los impíos es abominación a Jehová; mas la oración de los rectos es su gozo. *Proverbios 15:8*

(Gozo significa agradar, satisfacer el pago de una deuda)

(Referirse también a *2 Corintios 5:21; Hebreos 4:16*)

La oración es una vía de comunicación única entre usted y el Padre Celestial. Orar significa pasar tiempo con Dios porque usted lo ama. A medida que comparta su corazón con el Padre Celestial, su conversación con Él se profundizará hasta llegar a ser una íntima comunión. Durante estos momentos de comunión personal con la Deidad, experimentará la plenitud del Espíritu Santo, llenando su vida una y otra vez. Así como Dios hizo conocer sus caminos a Moisés y sus hechos a los hijos de Israel, puede hacer lo mismo hoy con usted.

Hablaba Jehová a Moisés cara a cara, como habla cualquiera a su compañero. Y él volvía al campamento; pero el joven Josué hijo de Nun, su servidor, nunca se apartaba de en medio del tabernáculo. Y dijo Moisés a Jehová: Mira, tú me dices a mí: Saca este pueblo y tú no me has declarado a quién enviarás conmigo. Sin embargo, tú dices; Yo te he conocido por tu nombre, y has hallado también gracia en mis ojos. Ahora, pues, si he hallado gracia en tus ojos, te ruego que me muestres ahora tu camino, para que te conozca, y halle gracia en tus ojos; y mira que esta gente es pueblo tuyo. Y él dijo: Mi presencia irá contigo, y te daré descanso. *Éxodo 33:11-14* (Referirse también a *Éxodo 33:15-23*)

La oración permite que sus ojos espirituales sean abiertos para ver así la realidad del mundo espiritual. La perspicacia en el mundo espiritual se obtiene por medio de la disciplina en la oración, en la alabanza, en el ayuno y renovando la mente por medio de la Palabra de Dios. Pídale al Señor que le revele la realidad del mundo espiritual, así como lo hizo con Eliseo cuando le pidió a Dios que le abriera los ojos a su siervo y le permitiera ver los carros de fuego que los protegían.

El le dijo: No tengas miedo, porque más son los que están con nosotros que los que están con ellos. Y oró Eliseo y dijo: Te ruego, oh Jehová, que abras sus ojos para que vea. Entonces Jehová abrió los ojos del criado, y miró; y he aquí que el monte estaba lleno de gente de a caballo, y de carros de fuego alrededor de Eliseo. *2 Reyes 6:16-17*

Entonces Jesús dijo: ¿Quién es el que me ha tocado? Y negando todos, dijo Pedro y los que con él estaban: Maestro, la multitud te aprieta y oprime y dices: ¿Quién me ha tocado? Pero Jesús dijo: Alguien me ha tocado; porque yo he conocido que ha salido poder de mí. *Lucas 8:45-46*

Jesús, nuestro gran intercesor, nos da el ejemplo perfecto de una vida de oración. La oración es el ejemplo más característico de la vida de Cristo que usted puede seguir e imitar en su caminar cristiano. Es una obra desinteresada y generalmente poco vista y apreciada por los demás; sólo experimentan los resultados los que nos rodean. Al hacerlo, no buscamos ser vistos por los hombres, buscamos estar en la presencia del Señor y agradar al Padre Celestial.

Cristo es el que murió; mas aun, el que también resucitó, el que además está a la diestra de Dios, el que también intercede por nosotros. *Romanos 8:34b*

Levantándose muy de mañana, siendo aún muy oscuro, salió y se fue a un lugar desierto, y allí oraba. *Marcos 1:35*

Por lo cual puede también salvar perpetuamente a los que por él se acercan a Dios, viviendo siempre para interceder por ellos. *Hebreos 7:25*

(Jesús mismo, muchas veces se apartaba a orar en el desierto. Ver también. *Lucas 5:16*)

La oración es una respuesta de amor a las cargas de otras personas. Usted tiene el privilegio de interceder en favor de otros. Puede así sentir y experimentar el corazón del Padre compadeciéndose por sus hijos.

Muchas veces leemos las oraciones y respuestas amorosas de Pablo en sus escritos:

Doy gracias a Dios siempre que me acuerdo de vosotros, siempre en todas mis oraciones rogando con gozo por todos vosotros... como me es justo sentir esto de todos vosotros, por cuanto os tengo en el corazón; y en mis prisiones, y en la defensa y confirmación del evangelio, todos vosotros sois participantes conmigo de la gracia. *Filipenses 1:3-4,7*

Por esta causa también yo, habiendo oído de vuestra fe en el Señor Jesús, y de vuestro amor para con todos los santos, no ceso de dar gracias por vosotros, haciendo memoria de vosotros en mis oraciones. *Efesios 1:15-16*

Nada hagáis por contienda o por vanagloria; antes bien con humildad, estimando cada uno a los demás como superiores a él mismo; no mirando cada uno por lo suyo propio, sino cada cual también por lo de los otros. *Filipenses 2:3-4*

La oración es la Palabra de Dios viva en su boca. Hablar y confesar la Palabra de Dios trae resultados y respuestas. Al confesar su Palabra, debe hacerlo con fe, no como vana repetición, o como una fórmula. La Palabra de Dios debe ser vivificada por el Espíritu Santo para que pueda hablarla con unción.

Dios desea que venga a El en fe, creyendo; El le asegura que obrará a su favor.

Pero sin fe es imposible agradar a Dios; porque es necesario que el que se acerca a Dios crea que le hay, y que es galardonador de los que le buscan. *Hebreos 11:6*

Así será mi palabra que sale de mi boca; no volverá a mí vacía, sino que hará lo que yo quiero, y será prosperada en aquello para que la envié. *Isaías 55:11*

La oración trae fruto para el Reino, y esto agrada a Dios. Cuando usted ora y se comunica con Dios, Él le habla, y al hacerlo le da guía, sabiduría, conocimiento, fuerza y protección.

Por lo cual también nosotros, desde el día que lo oímos, no cesamos de orar por vosotros, y de pedir que seáis llenos del conocimiento de su voluntad en toda sabiduría e inteligencia espiritual, para que andéis como es digno del Señor, agradándole en todo, llevando fruto en toda buena obra, y creciendo en el conocimiento de Dios; fortalecidos con todo poder, conforme a la potencia de su gloria, para toda paciencia y longanimidad. *Colosenses 1:9-11*

Pacientemente esperé a Jehová, y se inclinó a mí, y oyó mi clamor. Y me hizo sacar del pozo de la desesperación, del lodo cenagoso; puso mis pies sobre peña, y enderezó mis pasos. *Salmo 40:1-2*

Si permanecéis en mí, y mis palabras permanecen en vosotros, pedid todo lo que queréis, y os será hecho. En esto es glorificado mi Padre, en que llevéis mucho fruto, y seáis así mis discípulos. *Juan 15:7-8*

La oración le otorga a Dios el poder legal para que actúe en la tierra. Jesús nos dijo que oremos: "Hágase tu voluntad, como en el cielo, así también en la tierra." *(Mateo 6:10)*. También dice: "De cierto, de cierto os digo que todo lo que atéis en la tierra será atado en el cielo; y todo lo que desatéis en la tierra, será desatado en el cielo." *(Mateo 18:18)*. La conclusión que obtenemos de estos versículos es que Dios ha limitado parte de su mover en la tierra, y sólo actuará cuando sus hijos oren.

El cielo espera a aquellos de nosotros que aquí en la tierra estemos dispuestos a orar para que sucedan cosas. E. Stanley Jones dijo una vez: "Cuando nosotros rendimos nuestras vidas al propósito y poder de Dios, Él puede hacer cosas por medio nuestro, que no podríamos hacer de otro modo". Si no oramos, Dios no va a obrar. Dios busca a un hombre, a una mujer, a un intercesor, que ore que Su perfecta voluntad sea hecha en la tierra así como en el cielo.

Hazme recordar, entremos en juicio juntamente; habla tú para justificarte. *Isaías 43:26*

Y me dijo Jehová: Bien has visto; porque yo apresuro mi palabra para ponerla por obra. *Jeremías 1:12*

A través de la oración usted puede mover a compasión la mano de Dios. Muchas veces el destino del mundo no está en las manos de gobernadores o reyes, sino en las manos de poderosos intercesores. Usted también puede influenciar a la sociedad como lo hicieron Abraham y Daniel en el Antiguo Testamento. Es hermoso darse cuenta que sus oraciones no sólo afectan a aquellos por quienes estamos orando, sino que también pueden moldear eventos nacionales o internacionales.

Entonces Moisés oró en presencia de Jehová su Dios, y dijo: Oh Jehová, ¿por qué se encenderá tu furor contra tu pueblo, que tú sacaste de la tierra de Egipto con gran poder y con mano fuerte? ¿Por qué han de hablar los egipcios, diciendo: Para mal los sacó, para matarlos en los montes, y para raerlos de sobre la faz de la tierra? Vuélvete del ardor de tu ira, y arrepiéntete de este mal contra tu pueblo. Acuérdate de Abraham, de Isaac y de Israel tus siervos, a los cuales has jurado por ti mismo, y les has dicho: Yo multiplicaré vuestra descendencia como las estrellas del cielo; y daré a vuestra descendencia toda esta tierra de que he hablado, y la tomarán por heredad para siempre. Entonces Jehová se arrepintió del mal que dijo que había de hacer a su pueblo. *Exodo 32:11-14*

(Ver también *Génesis 18:17-30; Números 14:11-23; 1 Samuel 7:8-13; 2 Reyes 20:1-11; Daniel 9: 2-3*).

Por medio de la oración recibimos revelación y la mente de Dios. El Señor le revelará por lo que Él desea que usted ore; le guiará a orar por un problema en la vida de alguien, o por alguna situación en especial. Dios le permite ver a usted las cosas como Él las ve, es por eso que el intercesor debe guardar cuidadosamente los secretos que Dios le revela durante los momentos de oración. Luego que Dios le haya revelado el motivo de oración, busque Su guía definida para alcanzar Su divino propósito.

En aquel tiempo, respondiendo Jesús dijo: Te alabo, Padre, Señor del cielo y de la tierra, porque escondiste estas cosas de los sabios y de los entendidos, y las revelaste a los niños. Sí, Padre, porque así te agradó. *Mateo 11:25-26*

Todas las cosas me fueron entregadas por mi Padre; y nadie conoce quién es el Hijo sino el Padre; ni quién es el Padre, sino el Hijo, y aquel a quien el Hijo lo quiera revelar. *Lucas 10:22*

Así que, todos los que somos perfectos, esto mismo sintamos; y si otra cosa sentís, esto también os lo revelará Dios. *Filipenses 3:15*

La oración es lo que hace que el Reino de Dios se haga realidad a través de los milagros divinos que operan en su vida. Usted verá la manifestación del Poder de Dios confirmar su caminar espiritual.

pero su fama se extendía más y más; y se reunía mucha gente para oírle, y para que les sanase de sus enfermedades. Mas él se apartaba a lugares desiertos, y oraba. *Lucas 5:15-16*

El que creyere y fuere bautizado, será salvo; mas el que no creyere, será condenado. Y estas señales seguirán a los que creen: En mi nombre echarán fuera demonios; hablarán nuevas lenguas; tomarán en las manos serpientes y si bebieren cosa mortífera, no les hará daño; sobre los enfermos pondrán sus manos, y sanarán. Y ellos, saliendo, predicaron en todas partes, ayudándoles el Señor y confirmando la palabra con las señales que la seguían. *Marcos 16:16-18,20*

¡Hemos sido llamados a pelear espiritualmente por medio de la oración en contra de las fortalezas de Satanás, hasta vencer! Jesús mismo, por medio de la oración, tuvo que batallar en contra de Satanás por su ministerio y por otras situaciones. Encontramos esto claramente ilustrado en Su tentación en el desierto. Él experimentó la guerra espiritual y la ganó antes de salir a Su ministerio público. Nosotros también tenemos que poseer la tierra antes de poder desenvolvernos plenamente en aquello a lo cual Dios nos ha llamado. El éxito de la vida de Jesús fue la oración; de nosotros depende ganar... ganar en oración (Ver *Josué 1: 3,11,15*).

El diablo entonces le dejó; y he aquí vinieron ángeles y le servían. *Mateo 4:11*

Ninguno puede entrar en la casa de un hombre fuerte y saquear sus bienes, si antes no le ata, y entonces podrá saquear su casa. *Marcos 3:27*

Daniel también tuvo que pelear en contra de Satanás en oración.

Entonces me dijo: Daniel, no temas; porque desde el primer día que dispusiste tu corazón a entender y a humillarte en la presencia de tu Dios, fueron oídas tus palabras; y a causa de tus palabras yo he venido. Mas el príncipe del reino de Persia se me opuso durante veintiún días; pero he aquí Miguel, uno de los prin-

cipales príncipes, vino para ayudarme, y quedé allí con
los reyes de Persia. *Daniel 10:12-13*

La oración es una invitación para usted, a descansar en Él.
Dios le invita a entregarle sus problemas, cargas, ansiedades
y preocupaciones.

echando toda vuestra ansiedad sobre él, porque él tiene
cuidado de vosotros. *1 Pedro 5:7*

Por tanto os digo: No os afanéis por vuestra vida...
Mirad las aves del cielo, que no siembran, ni siegan, ni
recogen en graneros; y vuestro Padre celestial las
alimenta. ¿No valéis vosotros mucho más que ellas?
Mateo 6:25-26

Echa sobre Jehová tu carga, y él te sustentará; no dejará
para siempre caído al justo. *Salmo 55:22*

Por nada estéis afanosos, sino sean conocidas vuestras
peticiones delante de Dios en toda oración y ruego, con
acción de gracias. Y la paz de Dios, que sobrepasa todo
entendimiento, guardará vuestros corazones y vuestros
pensamientos en Cristo Jesús. *Filipenses 4:6-7*

2

Enséñame a orar

¿Cuánto tiempo debo orar?

Vemos claramente en el relato de Jesús junto a sus discípulos en Getsemaní, que el Señor sintió pedirles que oraran junto con Él por una hora, lo cual fue un pedido lógico. Sin embargo, en el momento en que Jesús más necesitaba y deseaba el apoyo de sus discípulos ellos lo decepcionaron poniendo el sueño y otras actividades por encima del deseo de pasar tiempo con el Señor en oración. Un pastor dijo una vez: "Cuando usted llega al punto de su vida donde puede orar y pasar una hora junto al Señor, algo sobrenatural sucede. Por medio de esto, usted comienza a comprender el carácter y los propósitos de Dios, experimentando la unción y el poder de Dios como nunca antes".

Si realizar el compromiso de orar durante una hora le parece o le resulta difícil, comience comprometiéndose quince minutos por día, luego esfuércese para ir aumentando su tiempo hasta llegar a una hora diaria.

A medida que usted pase tiempo en oración junto al Señor, un interrogante surgirá: ¿Cuánto tiempo debo orar por cada persona y por cada necesidad? Aquí hay algunas sugerencias para esta pregunta:

- Ore hasta que reciba una respuesta concreta, o hasta que vea una contestación exacta.

- Continúe orando hasta que tenga la seguridad y la certeza de parte del Señor que El ha obtenido la victoria en el mundo espiritual y acéptela por fe. Luego de hacer nuestra parte en la intercesión debemos esperar y confiar en el tiempo de Dios. El nunca llega tarde, aunque muchas veces a sus hijos, les parece que se pierde muchas oportunidades de llegar temprano.

- Una vez que haya orado por todas las necesidades alabe al Señor. Dé gracias y gloria por la victoria obtenida.

Si la respuesta a una oración se demora o se tarda en llegar, sea tenaz y persistente como lo fue la viuda que vemos en el siguiente ejemplo:

También les refirió Jesús una parábola sobre la necesidad de orar siempre, y no desmayar, diciendo: Había en una ciudad un juez, que ni temía a Dios, ni respetaba a hombre. Había también en aquella ciudad una viuda, la cual venía a él, diciendo: Hazme justicia de mi adversario. Y él no quiso por algún tiempo; pero después de esto dijo dentro de sí: Aunque ni temo a Dios, ni tengo respeto a hombre, sin embargo, porque esta viuda me es molesta, le haré justicia, no sea que viniendo de continuo, me agote la paciencia. Y dijo el Señor: Oíd lo que dijo el juez injusto. ¿Y acaso Dios no hará justicia a sus escogidos, que claman a él día y noche? ¿Se tardará en responderles? Os digo que pronto les hará justicia. Pero cuando venga el Hijo del Hombre, ¿hallará fe en la tierra? *Lucas 18:1-8*

La palabra "molesta" que vemos usada en el vs.5, deriva de un vocablo griego que quiere decir: "golpearse el pecho con angustia; lamentarse o estar de duelo". La idea que este significado nos sugiere es la persistente y tenaz insistencia de una persona en recibir una respuesta o contestación de la autoridad a quien se dirige.

Cuando una contestación a su pedido se demora, continue fiel en oración como lo hizo la viuda en el capítulo 18 de Lucas. No deje que su confianza en el Señor mengüe mientras espera en El, si usted comienza a preocuparse y abandona; el fruto de su oración puede ser abortado, o sea cortado antes de tiempo y nunca recibir la respuesta.

Y yo os digo: Pedid, y se os dará; buscad y hallaréis; llamad y se os abrirá. Porque todo aquel que pide, recibe; y el que busca, halla; y al que llama, se le abrirá. *Lucas 11:9,10*

Por lo tanto, siga pidiendo, siga buscando y siga llamando. **Continue haciéndolo.**

¿Es esta repetición en vano, o es falta de fe? No, de ninguna manera; esta clase de repetición no es errónea, siempre y cuando sea hecha en fe. El orar, sólo es una vana repetición cuando usted habla palabras vacías, sin fe, o si pide sólo por motivos egoístas *(Santiago 4:3)*.

Jesús nos da un ejemplo en ser tenaz, decidido en la oración y al mismo tiempo hacerlo por la razón correcta. Está escrito que Jesús durante su prueba en el Getsemaní oró diciendo: "Padre mío, si es posible, pasa de mí esta copa, pero no sea como yo quiero, sino como Tú" *(Mateo 26:39)*.

Jesús hizo este pedido tres veces:

Otra vez fue y oró, diciendo las mismas palabras.
Marcos 14:39

Y dejándolos, se fue de nuevo, y oró por tercera vez,
diciendo las mismas palabras. *Mateo 26:44*

¿Cuándo debo orar?

En cuanto a mí, a Dios clamaré; y Jehová me salvará.
Tarde y mañana y a mediodía oraré y clamaré, y él oirá
mi voz. *Salmo 55:16-17*

Usted debe orar cuando el Espíritu Santo lo llame a hacerlo,
y cuando El lo haga, no permita que nada se interponga en
su camino. Obedezca de inmediato a la urgencia de
interceder, ya sea por una persona o una necesidad en
particular. Su inmediata respuesta al llamado a la oración,
puede cambiar la dirección o el curso de la vida de una
persona o la de una situación; la cual luego traerá Gloria a
Dios.

Usted puede lograr mejores resultados por medio de la
oración, que a través de sus propios hechos y esfuerzos. Porque
en el momento en que usted ora se está comunicando con
Dios mismo rogándole su divina intervención. El dejarse
estar, o tardarse en responder al mover del Espíritu, puede
ser su peor enemigo. Por lo tanto, use su tiempo sabiamente
teniendo cuidado de no desperdiciarlo.

Qué momento del día elige para orar, depende de usted.
Lo importante es que cada día aparte tiempo para cumplir
con lo prometido.

Estudie la Palabra de Dios para ver lo que ella enseña;
luego pregúntele al Señor qué momento desea Él que usted
aparte para orar o interceder.

Ejemplos y Escrituras

Mañana

Salmo 5:3
Salmo 88:13
Marcos 1:35
Hechos 2:1-4,15 (Esto demuestra que la presencia
          del Espíritu Santo descendió a las
          nueve de la mañana).

Mediodía

Salmo 55:17

Noche

Mateo 14:23   Lucas 6:12
Marcos 6:47   Los Hechos 16:25

Continuamente

1 Samuel 7:8   Efesios 6:18
1 Samuel 12:23   Colosenses 1:9
Nehemías 1:6   Colosenses 4:2
Salmo 72:15   1Tesalonicenses 3:10
Lucas 2:37   1 Tesalonicenses 5:17
Hechos 10:2   1 Timoteo 5:5
Romanos 1:9-10

Recuerde siempre que Jesús oraba temprano en la mañana, y aun muchas veces toda la noche.

¿Dónde debo orar?

Encontramos mencionados en las Sagradas Escrituras muchos ejemplos de lugares de oración. El sitio no es lo más importante, lo que sí es importante, es seguir las instrucciones que nos dio Jesús:

Y cuando ores, no seas como los hipócritas; porque ellos aman el orar en pie en las sinagogas y en las esquinas de las calles, para ser vistos de los hombres; de cierto os digo que ya tienen su recompensa. Mas Tú, cuando ores, entra en tu aposento, y cerrada la puerta, ora a tu Padre que está en secreto; y tu Padre que ve en lo secreto te recompensará en público.
Mateo 6:5,6

Secreto significa "ocultarse de la vista del público o del reconocimiento en general"; "estar procediendo o actuando desde un lugar escondido o secreto".

El aposento alto o lugar secreto, era un cuarto construído sobre el techo de las casas. Estaba ubicado sobre los muros de la ciudad, el cual era un lugar estratégico y se podía ver desde allí las puertas de la ciudad. El aposento alto podía ser usado como un lugar de guardia para identificar al enemigo u observar una caravana de victoria. Era también un lugar en lo alto utilizado como un altar y para orar.

Nosotros queremos incentivarlo a que ore en su aposento alto, su lugar secreto; y así el Padre lo recompensará en público. De todas maneras no es necesario que esté en un lugar secreto para estar en comunión con el Padre. Usted puede encontrarse en un parque, en el tren, manejando en la ruta, etc. y aun, rodeado de personas cuando el Espíritu Santo lo llame a orar.

Aunque nosotros le aconsejamos aparte un tiempo determinado para orar a solas, esté siempre alerta, porque el Espíritu Santo puede llamarlo a orar por una necesidad específica, la cual necesita intercesión o urgente oración, no importando dónde usted se encuentre. Esté atento al mover del Espíritu Santo guiándolo a orar, más allá del lugar donde esté, o de la tarea que se encuentre realizando.

Hay muchos lugares mencionados en La Biblia donde la gente oraba; hemos hecho una lista del Nuevo Testamento de algunos de ellos.

El aposento alto	*Los Hechos 1:13-14*
Casa	*Los Hechos 10:30; 12:5-17*
Junto al río	*Los Hechos 16:13*
En la playa	*Los Hechos 21:5*
En el desierto	*Lucas 5:16*
Solo o a solas	*Marcos 1:35;*
	Lucas 4:42
A solas	*Mateo 6:6; 26:39;*
	Marcos 6:46; 14:32-42;
	Lucas 6:12; 9:18; 22:41

¿En qué posición debo orar?

Así como hay variedad de lugares y sitios para orar, también hay variedad de posiciones. Pero la guía del Espíritu Santo, a medida que usted se rinda a El, es más importante que la posición en la cual ora.

Senatado

1Crónicas 17:16-27

Arrodillado

1 Reyes 8:54; Esdras 9: 5
Lucas 22:41; Los Hechos 9:40

Con la cabeza en el suelo

Exodo 34:8; Salmo 72:11;

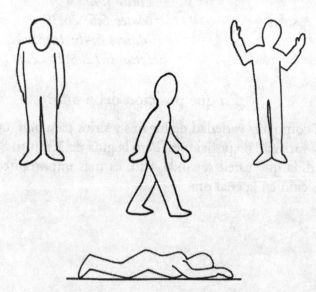

Postrado

Josué 7:6; Esdras 10:1; Mateo 26:30, Marcos 14:35

3

Clases de oración

Alabanza y acción de gracias

Lo primero que debe recordar al comenzar su tiempo de oración, es que usted está entrando en la presencia del Padre Celestial. Usted habla y derrama su corazón delante de Él, porque lo ama.

La Palabra de Dios nos enseña que *"La alabanza y la acción de gracias"* son las llaves que nos permiten entrar en Su presencia:

Entrad por sus puertas con acción de gracias, por sus atrios con alabanza; alabadle, bendecid su nombre. *Salmo 100:4*

Al entrar en Su presencia comience a alabar al Señor, poniendo su pensamiento en la provisión que el Padre Celestial le otorgó por medio de la Sangre de Jesús. Es Su sangre la que le permite hoy caminar en un nuevo pacto *(Hebreos 10:19; 12:24)*.

Alabe a Dios por quien es Él y por lo que es Él

La fuente de nuestra *alabanza* es el Espíritu Santo, quien hace que nuestro espíritu exprese aprobación y adoración a Dios por su grandeza. Desarrolle el hábito de *alabar* a Dios en su tiempo de oración.

Señor, abre mis labios, y publicará mi boca tu alabanza. *Salmo 51:15*

Siete veces al día te alabo a causa de tus justos juicios. *Salmo 119:164*

A medida que usted comience a *ALABAR* y enaltecer al Padre Celestial, su espíritu se elevará a un nuevo nivel de entendimiento de quién es Él. Su alma también se fortalecerá en su tiempo de alabanza al Señor, porque usted tiene la convicción de "que nada es difícil para Él" *(Jeremías 32:17)*.

Agradézcale por lo que ha hecho y por lo que continuará haciendo

El tener una actitud de agradecimiento, o un corazón agradecido, enciende y aviva en usted el amor a Dios, al reconocer que usted es Su hijo. Agradézcale, pues de Él viene toda buena dádiva y don perfecto *(Santiago 1:17)*. En su tiempo de oración exprese con gozo su gratitud, por los beneficios otorgados al ser usted Su heredero.

Reconócelo en todos tus caminos, y él enderezará tus veredas. *Proverbios 3:6*

¿Qué pagaré a Jehová por todos sus beneficios para conmigo? Te ofreceré sacrificio de alabanza, e invocaré el nombre de Jehová. *Salmo 116:12,17*

Práctica de alabanza

Con estos pensamientos en mente, comience a *alabar y agradecer* al Señor. Exprésele su amor y adoración. Reconozca por medio de sus diferentes nombres, los atributos de Dios (ver en el capítulo Armas Espirituales, *los nombres de Dios)*.

A continuación presentamos siete niveles de alabanza expresados en el Antiguo Testamento, por medio de siete palabras hebreas.

*   **Todah:** Sacrificio de acción de gracias; ofrecer acciones de gracias o alabanza, gratitud de ofrenda *(Salmos 42:4; 100:4)*.

*   **Yadah:** Lanzar, usar, levantar las manos al aire, reverenciar con las manos extendidas hacia arriba *(Salmos 63:4; 107:8,15,21,31)*.

*   **Barak:** Bendecir, dar gracias y alabanza a Dios, porque nos ha dado de Su abundancia; arrodillarse, inclinarse en bendición a Dios en actitud de adoración *(Salmos 31:21; 67:3; 95:6)*.

*   **Hala:** Resplandecer, "hacer un show". Jactarse, celebrar con gran entusiasmo al punto de parecer un tonto *(Salmos 56:4; 150:1-2)*.

*   **Zamar:** Celebrar con instrumentos. Tocar las cuerdas o parte de un instrumento musical. Ejecutar un instrumento, hacer música acompañado por la voz, celebrar con cánticos y música *(Salmos 21:13; 33:2; 98:4)*.

*   **Tehillah:** Viene de la raíz Halal, cantar himnos, palabras o canciones por las cuales Dios es aclamado públicamente. Su gloria declarada y vociferada aun danzando *(Salmos 22:3,25; 33:1;35:28)*.

*   **Shaback:** Alabanza, quietud ante el glorioso poder de gloria y santidad del Señor. Clamar a gran voz, gritar a todo pulmón, glorificando a Dios a gran voz por su triunfo *(Salmos 63:3,4; 117:1; 147:12)*.

Una manera alegre y gozosa de comenzar su tiempo de oración es elegir un Salmo, o varios versículos de la Biblia, y comenzar a alabar al Señor en las distintas clases de alabanza. El realizar esto vivificará su espíritu. Los Salmos 145 al 150, son especiales para alabar al Señor, pues ellos exaltan a Dios por su bondad, amor, poder, santidad, sabiduría, grandeza, gloria y majestad.

Comience con el *Salmo 145:1-7*.

Te exaltaré, mi Dios, mi Rey, y bendeciré Tu nombre eternamente y para siempre. Cada día te bendeciré, y alabaré Tu nombre eternamente y para siempre. Grande es Jehová, y digno de suprema alabanza; y su grandeza es inescrutable. Generación a generación celebrarán Tus obras, y anunciarán Tus poderosos hechos. En la hermosura de la gloria de Tu magnificencia, y en Tus hechos maravillosos meditaré. Del poder de Tus hechos estupendos hablarán los hombres, y yo publicaré Tu grandeza. Proclamarán la memoria de Tu inmensa bondad, y cantarán Tu justicia.

Dando gracias

Esta es una adaptación del *Salmo 136* (Dios habla hoy, Versión Popular). Es ideal para motivarlo a tener una actitud de agradecimiento al Padre.

Yo te agradezco, Padre Celestial, por (nombre de una persona) Porque Tu amor es eterno.

Yo te agradezco, Padre Celestial, por (nombre una bendición material).

Porque Tu amor es eterno.

Yo te agradezco, Padre Celestial, porque me has dado (nombre una bendición espiritual).

Porque Tu amor es eterno.

Yo te agradezco, Padre Celestial, porque has escuchado mi petición por <u>(nombre una persona por la cual usted oró).</u>

Porque Tu amor es eterno.

Yo te agradezco, Padre Celestial, porque has respondido mi oración.

Porque Tu amor es eterno.

Yo te agradezco, Padre Celestial, porque Tú has <u>(nombre una respuesta a sus oraciones).</u>

Porque Tu amor es eterno.

Confesión y perdón

El confesar y el perdonar, es la respuesta más apropiada que podemos dar hacia la Santidad de Dios. Usted debe predisponerse y determinarse a tener un corazón puro, no dividido y con una actitud correcta hacia cada persona, incluyendo hacia el Señor. Esto es un prerrequisito para que su intercesión resulte efectiva.

Usted, quizás puede pasarse horas confesando sus pecados, pero la *confesión* no es completa a menos que esté acompañada del perdón.

Confesión significa: "reconocer o revelar algo dañado, reconocer o admitir algo".

Perdón significa: "excusar una falta u ofensa; disculpar, abandonar o dejar de lado el odio, resentimiento o amargura en contra de una persona; absolver el pago de una deuda".

El perdón no es completo sin la *confesión*, y la *confesión* no es efectiva sin el *perdón*. Luego de confesar y perdonar debe ir un paso más adelante, y es el de recibir la provisión que Dios le ha otorgado por medio de Su Palabra, como lo es la sanidad, la paz y la prosperidad. Muchas personas cometen el error de confesar y perdonar, pero no reciben las promesas de Dios porque se creen, o se sienten, indignos de ellas. Este es un concepto totalmente erróneo. Las promesas de Dios son un regalo especial de El para usted.

Aprenda a ser un buen recibidor. Recibir significa: adquirir o tomar algo ofrecido o dado. El recibir requiere acción de su parte. Confiese las promesas de Dios en voz alta y acéptelas por fe, no dependa o confíe en sus propios sentimientos o emociones.

Por medio de la *confesión* y el *perdón* somos restaurados a nuestra posición con Dios, el de ser Sus hijos.

Alabe al Señor por Su Sangre, la cual lo ha rescatado y ha pagado sus deudas.

Examinemos el *perdón* y la *confesión* separadamente:

Confesión

Observe la siguiente Escritura:

> He aquí que no se ha acortado la mano de Jehová para salvar, ni se ha agravado su oído para oír; pero vuestras iniquidades han hecho división entre vosotros y vuestro Dios, y vuestros pecados han hecho ocultar de vosotros su rostro para no oír. *Isaías 59:1-2*

Como este versículo explica, las iniquidades, o sea, el pecado, pueden ser la causa o la razón por la cual sus oraciones no estén siendo oídas. La confesión debe hacerse antes de comenzar el tiempo de intercesión o petición, así cuando usted ore, sus oraciones pueden ser agradables a los oídos de Dios.

Usted no puede ser purificado en su propio poder o en su propia fuerza, es por esto que Dios le ha dado al Espíritu Santo para que El ilumine y revele sus pecados, y así usted los pueda confesar. Mientras esté en su tiempo de oración, haga una pausa y pregúntele al Espíritu Santo si hay algo en su corazón lo cual debe confesar y arrepentirse. Si el Espíritu se lo revela, respóndale en ese momento con su confesión.

Escudríñame, oh Jehová, y pruébame; examina mis íntimos pensamientos y mi corazón. Porque tu misericordia está delante de mis ojos, y ando en tu verdad. *Salmo 26:2-3*

Luego que el Espíritu Santo haya traído el área, la cual estaba oscura, a la luz de la Palabra de Dios, de ninguna manera debe mirar hacia atrás. Una vez que el pecado ya fue revelado y confesado, esté seguro que el poder de la Sangre de Jesús lo cubre y el Señor ya no lo recuerda más. No trate de volver a traer al presente los pecados que ya han sido cubiertos por la Sangre de Jesús. El Señor los ha enterrado en las profundidades del mar y han sido olvidados.

Si confesamos nuestros pecados, él es fiel y justo para perdonar nuestros pecados, y limpiarnos de toda maldad. *1 Juan 1:9*

Estad, pues, firmes en la liberdad con que Cristo nos hizo libres, y no estéis otra vez sujetos al yugo de esclavitud. *Gálatas 5:1*

Si decimos que tenemos comunión con él, y andamos en tinieblas, mentimos, y no practicamos la verdad; pero si andamos en la luz como él está en luz, tenemos comunión unos con otros, y la sangre de Jesucristo su Hijo nos limpia de todo pecado. *1 Juan 1:6-7*

El volverá a tener misericordia de nosotros; sepultará nuestras iniquidades, y echará en lo profundo del mar todos nuestros pecados. *Miqueas 7:19*

Debe ser consciente de que una de las tácticas de Satanás es usar la condenación trayendo a su recuerdo los pecados pasados. Por medio de la introspección (el mirarse todo el tiempo a uno mismo) lo que quiere lograr el diablo es tener su mente ocupada, centralizada en usted mismo y mantenerlo alejado de la oración, de la alabanza y de derribar fortalezas. Recuerde, el terreno de batalla es su mente.

Porque las armas de nuestra milicia no son carnales, sino poderosas en Dios para la destrucción de fortalezas, derribando argumentos y toda altivez que se levanta contra el conocimiento de Dios, y llevando cautivo todo pensamiento a la obediencia a Cristo, y estando prontos para castigar toda desobediencia, cuando vuestra obediencia sea perfecta. *2 Corintios 10:4-6*

Deje que la paz de Dios, por medio de Jesucristo, guarde su corazón y su mente diariamente para así poder anticipar y poder prevenir esta lucha. Si nuestro corazón nos condena no podemos pedir en fe, o si nuestro corazón es de doble ánimo o tenemos dudas tampoco podemos orar con confianza *(Santiago 1:6)*. La paz mental en nuestra vida viene como resultado de una continuidad en la oración.

Por nada estéis afanosos, sino sean conocidas vuestra peticiones delante de Dios en toda oración y ruego, con acción de gracias. Y la paz de Dios, que sobrepasa todo entendimiento, guardará vuestros corazones y vuestros pensamientos en Cristo Jesús. *Filipenses 4:6-7*

Al confesar sus pecados, debe saber que no es necesario sentir una experiencia emocional para saber que ha sido perdonado. Primeramente pida perdón, luego, acéptelo por fe en la Palabra de Dios pues Él hará de acuerdo a lo que ha dicho (declarado)... él es fiel y justo para perdonar nuestros pecados, y limpiarnos de toda maldad *(1 Juan 1:9)*.

Perdón
El no perdonar corta completamente la comunicación entre usted y Dios, haciéndolo también insensible a las cosas espirituales.

Cuando usted pide *perdón* por sus pecados y por los que han pecado en contra suyo, será liberado y podrá caminar en una perfecta relación, tanto con Dios, como con los que le rodean. El perdonar también trae libertad a la persona o a la circunstancia que estaba causando el problema; y esto le permite al Espíritu Santo realizar su trabajo, el de convicción, de justicia y juicio.

Si a usted le está costando perdonar a alguien, determínese hoy a obedecer la Palabra de Dios, y no se deje guiar por sus sentimientos, no permita que el orgullo lo aparte de tener una buena relación con Dios. Deje de lado sus heridas, su justificación propia y las hostilidades. Perdone a esa persona que le ha hecho mal, más allá de lo injusto que pueda haber sido. Luego de tomar esta decisión sentirá un alivio espiritual y sus sentimientos comenzarán a estar de acuerdo (alinearse) con la Palabra de Dios y su comunión con el Señor será restaurada.

Hay tres clases de falta de perdón:

1. *No perdonar a las personas* que lo han herido y ofendido.

2. *No perdonar a Dios* porque en su forma de ver y percibir las cosas, Él no intervino en favor suyo en la manera que usted deseaba que Él lo hiciera.

3. *No perdonarse a usted mismo* por las situaciones que ha atravesado, las cuales le han causado dolor, culpa, condenación, preocupación, frustación, etc.

La Palabra de Dios dice: "Porque si perdonáis a los hombres sus ofensas, os perdonará también a vosotros vuestro Padre Celestial; mas si no perdonáis a los hombres sus ofensas, tampoco vuestro Padre os perdonará vuestras ofensas" *(Mateo 6:14-15)*. Muchas veces le parecerá más fácil perdonar a otros que perdonarse a usted mismo o a Dios. Pero perdonar totalmente es esencial para que su oración sea efectiva.

Sería bueno que cada mañana tomara la decisión que, durante todo el resto del día caminará en una actitud de perdón. No espere llegar a una confrontación para tratar de perdonar a la persona que le ha hecho mal. Decídase a perdonar a otros, así como Dios lo ha perdonado, y hágalo en el mismo momento de la ofensa, no espere hacerlo luego, tome el ejemplo de Jesús *(Lucas 23:34)*.

El perdonar solamente, no es suficiente, usted debe arrepentirse. Arrepentirse es sentir un pesar o remordimiento el cual hace que usted deje de lado sus pensamientos y acciones en contra de alguien, y los suelte dejándolos libres de cualquier atadura que usted tenía en su contra o alguien en contra suyo. A menos que haga esto, nunca será liberado. El perdón y el arrepentimiento van de la mano *(Proverbios 28:13; Mateo 3:6,8)*.

Muchas veces las personas están emocionalmente débiles o enfermas y esto se debe a la falta de perdón y arrepentimiento; tampoco quiere decir que toda enfermedad o sufrimiento viene a causa de no perdonar. Pero el perdón y el arrepentimiento pueden abrir el camino para que el poder Sanador de Dios comience a operar y obrar en usted y en otros.

Perdonar, así como lo es también el confesar nuestras faltas, no tienen que ser experiencias emocionales. Es simplemente un *acto de la voluntad,* en respuesta a la Palabra de Dios, inspirada por el Espíritu Santo.

Una vez que ha perdonado a los que le hicieron mal, o quizás se perdonó a usted mismo o a Dios, sienta la seguridad que el Padre es fiel y justo para perdonarlo de todos sus pecados y de todas sus injusticias *(I Juan 1:9)*. No se apoye o dependa de su propio entendimiento, confíe en el Señor porque Su Palabra es verdad.

Si constantemente su mente le está trayendo pensamientos negativos acerca de la persona a la cual usted se ha decidido perdonar, debe tomar autoridad y dominio sobre ellos. Ordénele a su mente en el Nombre de Jesús que habite en pensamientos que son verdaderos, honorables, justos, puros, amables, excelentes y dignos de alabar *(Filipenses 4:8-9)*. Ordénele al enemigo que se quede en silencio, y no escuche más a sus viejos recuerdos. Cambie la dirección de ellos creyendo lo que la Palabra de Dios dice. Lo que ayuda mucho es repetir las Escrituras en voz alta hasta obtener la victoria (vea la hoja con la parte práctica). También puede comenzar a darle gracias a Dios por las cualidades buenas y positivas que Él le ha impartido a esa persona, o a esa situación, y ore que la bendición de Dios esté sobre ella.

Poniendo en práctica la confesión y el perdón

¿Está listo para ser limpiado? Tome tiempo para permitir que el Espíritu Santo escudriñe su corazón delante de Dios, y ruegue que le revele qué hay en él. No examine su corazón con una mente terrenal, ábrale el corazón al Espíritu Santo y deje que El lo haga. A medida que el Señor lo limpie y lo perdone, pídale que lo llene con una nueva porción de Su Espíritu Santo.

Lo próximo es una oración de confesión y perdón basada en versículos de la Biblia que le pueden ser de ayuda cuando ora.

Oración de confesión

Padre Celestial, te agradezco por la Sangre de Jesús que me limpia de todo pecado. Yo vengo delante de Ti en el Nombre de Jesús a rogarte que restaures mi relación Contigo y con mis hermanos en Cristo.

Padre, Tu Palabra dice que si yo confieso mis pecados Tú eres fiel y justo para perdonarlos y así también para limpiarme de toda maldad. Yo vengo delante de Tu presencia para confesar mi pecado de _____ sabiendo que puedo acercarme a Ti con un corazón sincero y verdadero, en plena certidumbre y fe, teniendo mi corazón purificado de toda mala conciencia, y lavado mi cuerpo con el agua pura de Tu Palabra.

Ten misericordia de mí, Padre, y borra mis transgresiones de _____. Lávame de toda iniquidad y límpiame de este pecado. Sólo contra Ti, oh Dios, es que he pecado, y he hecho lo malo delante de Tus ojos. Te ruego que me perdones.

Me gozo ahora, no porque haya sido contristado, sino porque lo fui, para arrepentimiento, y mi arrepentimiento, de acuerdo a Tu voluntad, me lleva a la vida eterna que hay en Ti. Yo recibo Tu vida abundante, en las áreas donde estaba muerto a causa del pecado. Porque la ley del Espíritu de vida en Cristo Jesús, me ha librado de la ley del pecado y de la muerte, y a quien el Hijo libertare, será verdaderamente libre; anulando el acta (deuda) de los decretos (pecados) que había en mi contra, la cual me era contraria, quitándola de en medio y clavándola en Tu Cruz. Hoy, yo me determino a caminar en este nuevo pacto el cual me ha hecho libre en Tu Espíritu de vida.

Padre, te doy gracias porque has borrado mis pecados y los has alejado de mí, como lo está el oriente del occidente. Yo declaro que éste es el día en que mi pecado no será recordado más, y si Satanás intentara volver a traerlo a mi memoria, le diré que yo ya no tengo nada más que ver, que tendrá que vérselas Contigo *(1 Juan 1:7,9; 5:6-9; Hebreos 10:22; Salmos 51:1-4; 103:12; Colosenses 2:14; Romanos 4:7; 8:2; Juan 5:24; 8:32; 2 Corintios 3:6; 7;9-10; Ezequiel 18:21; 33:16)*

Oración de perdón

Padre Celestial vengo delante de Tu trono, con el corazón cargado y herido, porque _(nombre de la persona/s)_ me ha ofendido y yo no lo he podido perdonar. Yo sé que la falta de perdón va en contra de Tu Palabra. Por este motivo he estado atormentado en mi mente, y en mis emociones. Esto ha creado una ligadura entre _____ y yo.

Por eso es que te ruego, Padre amado, que perdones mis pecados de _____y yo también perdono a _(nombre de la persona/s)_ como Tú me has perdonado a mí.

Me arrepiento y me despojo de toda amargura, odio, gritería, calumnia, maledicencia y toda malicia. Yo recibo el perdón en el Nombre de Jesús por medio de Su preciosa Sangre.

Gracias Padre por liberarme a mí y a _(nombre de la persona/s)_ de todo tormento mental y emocional. No le daré ninguna oportunidad al diablo. Cuidaré mi boca y no dejaré que ninguna palabra dañina y perjudicial salga de ella en contra de _____. Por el contrario, yo hablaré palabras de vida, de poder, de salud y santidad. No entristeceré al Espíritu Santo. Seré bueno, compasivo, de corazón tierno y perdonaré a otros, así como Tú me has perdonado. No devolveré mal por mal, ni insulto por insulto, sino que hablaré palabras de bendición sobre la vida de _nombre de las personas_.

Padre, caminaré en una forma que sea digna de Ti. Me determinaré a agradarte en todas mis acciones y todos mis pensamientos. Llevaré y daré frutos en toda buena obra, porque soy un hacedor de la Palabra, y no sólo un oidor.

En el Nombre de Jesús, yo ordeno libertad a mi cuerpo, a mi alma, a mi espíritu, a mi familia y a mis finanzas, porque ya no estoy bajo la maldición de la ley, sino que he recibido mi libertad.

Yo te ruego, Padre Celestial, que el Espíritu Santo gobierne mi vida, para así poder llevar frutos que te agraden. Hoy me despojo de mi vieja naturaleza y me visto de Tu amor, de Tu gozo, de Tu paz, de Tu paciencia, de Tu amabilidad, de Tu bondad, de Tu fe y fidelidad, de Tu mansedumbre y humildad, y de Tu templanza y dominio propio.

Por medio de mi voluntad, yo hago una nueva entrega de mi ser a Ti, Señor, y viviré en paz con mis hermanos en la fe, con mis amigos, compañeros de trabajo, vecinos y familia *(Isaías 59:1-2, Marcos 11:25; Mateo 6:12,14,15; 18:21,35; 1 Pedro 2:1-2; 1 Juan 1:6-7; Efesios 4:25-32; 1 Pedro 3:8-12; Colosenses 1:10; 3:10; Santiago 1:22,25; Gálatas 3:13-14; 5:22-23; Romanos 12:10,16-18)*

Intercesión

Jesús, su Sumo Sacerdote, cuando estuvo en la tierra, dio el ejemplo de cómo interceder y nos aseguró que Él continuaría intercediendo aun estando en los cielos *(Hebreos 7:25)*. Por consiguiente, cuando usted ora, está siguiendo el ejemplo de Jesús.

La Biblia nos dice que intercedamos y nos explica por qué:

Exhorto ante todo, a que se hagan rogativas, oraciones, peticiones y acciones de gracias, por todos los hombres; por los reyes y por todos los que están en eminencia, para que vivamos quieta y reposadamente en toda piedad y honestidad. Porque esto es bueno y agradable delante de Dios nuestro Salvador. *1 Timoteo 2:1-3*

La iniciativa de interceder viene de parte de Dios. Al ser usted un intercesor debe estar atento y responder a la dirección de la oración, de acuerdo a lo que el Espíritu Santo ha puesto en su corazón. Cuando Abraham estaba intercediendo por la ciudad de Sodoma Dios dijo: "¿Encubriré yo a Abraham lo que voy a hacer?" *(Génesis 18:17)*. Abraham estaba tratando de salvar toda la ciudad de Sodoma, no sólo a Lot y su familia. Dios tenía comunión con Abraham, una relación como de amigos.

La intercesión ha sido descrita como una respuesta de amor a la carga que el Espíritu Santo pone en un momento de urgente necesidad; la cual puede ser un simple clamor al Padre por alguien a quien usted ama. Todos los hijos de Dios son llamados a participar en la intercesión.

"Sobrellevad los unos las cargas de los otros, y cumplid así la ley de Cristo" *(Gálatas 6:2)*. A Dios le es agradable ver que usted sobrelleva las cargas de otros, viniendo a Él en intercesión en favor de ellos.

El capítulo 10 del libro de Daniel, relata la historia del mensaje que Daniel recibió de parte de Dios acerca de un gran conflicto llevado a cabo entre los seres angelicales. La palabra "mensaje" en el original hebreo es a veces traducida "carga". Muchas veces cuando el Señor le da un mensaje o una palabra, junto con ello viene como una carga o pesadez que lo lleva a orar para que esta palabra o mensaje se cumpla y se haga realidad. Algunas veces será guiado a orar la Palabra de Dios (versículos de la Biblia) otras veces quizás sienta hacer guerra espiritual en contra de las fuerzas del enemigo, también puede ser que el interceder le cause como una angustia de corazón o una lucha en su mismo espíritu.

Debemos estar atentos y preparados para recibir los pedidos de oración de parte de Dios. El que el Padre le revele Sus secretos de esta manera, es una confianza "santa"; no lo tome livianamente. Cuando usted sienta el poder del Espíritu

Santo moviéndose en su corazón sea obediente y clame a Dios en favor de su líder espiritual, de su nación o de alguna persona, a medida que el Espíritu le traiga nombres y lugares a su mente. Para que una oración sea efectiva, requiere disponibilidad, sensibilidad espiritual y obediencia.

Otro motivo por el cual orar:

Si se humillare mi pueblo, sobre el cual mi nombre es invocado, y oraren, y buscaren mi rostro, y se convirtieren de sus malos caminos; entonces yo oiré desde los cielos, y perdonaré sus pecados, y sanaré su tierra. Ahora estarán abiertos mis ojos y atentos mis oídos a la oración en este lugar. *2 Crónicas 7:14-15*

¿Cómo sabe usted por qué orar? Las Sagradas Escrituras le dan la guía y el Espíritu Santo le pone en conocimiento de las necesidades más urgentes.

Muéstrame, oh Jehová, tus caminos; enséñame tus sendas. Encamíname en tu verdad y enséñame, porque Tú eres el Dios de mi salvación; en Ti he esperado todo el día. *Salmo 25:4-5*

La comunión íntima de Jehová es con los que le temen, y a ellos hará conocer su pacto. *Salmo 25:14*

Una manera de comenzar a interceder, es preguntándole al Señor:

"¿Señor, cuál es Tu deseo en mi oración por esta persona?"

"¿Cuál es el deseo de Tu corazón hoy Señor?"

"¿Cuál es la necesidad más urgente por la cual Tú deseas que yo ore?"

"Señor, muéstrame cómo interceder".

Quizás usted se pregunte: ¿Cómo sé que el Espíritu Santo me está llamando a orar? El Espíritu Santo se lo revelará por medio de Su Palabra, de mensajes o pensamientos que hablarán a su espíritu. Algunas veces esto lo sorprenderá totalmente.

Aquí hay algunos ejemplos para reconocer e identificar el llamado a la oración:

- El Espíritu Santo trae a su pensamiento el rostro de una persona, un nombre, una familia, una iglesia, una situación, una nación.

- Puede ser que Dios ponga en su corazón una necesidad práctica; quizás algo que usted escuchó comentar u observó durante el día. (Ejemplo: un amigo lo llama y le pide oración por algo; al escuchar el noticiero sobre algo sucedido; el no poder sacar del pensamiento el nombre de un amigo o conocido).

- Cuando usted es testigo de un accidente; cuando una ambulancia transita por donde usted está; una persona con una necesidad; alguien que está siendo abusado; un crimen;... todo esto lo insta a orar.

Recuerde, la intercesión generalmente comienza y termina en Dios. Luego que El le indique una necesidad por la cual orar, usted deberá hacerlo hasta que sienta que el Espíritu Santo lo está dirigiendo o moviendo a una nueva área. Usted puede orar por necesidades físicas, espirituales o hacer guerra espiritual en favor de otros. Si no tiene algo específico o no siente una dirección en particular por la cual orar, hágalo en las lenguas del Espíritu hasta que sienta una liberación, una soltura.

No se sorprenda si ocasionalmente experimenta (o le sucede algo inusual) como risas, gemidos, llanto, pena, quejidos (como de dolores de parto). Pablo dijo: "Hijitos míos, por quienes vuelvo a sufrir dolores de parto, hasta que Cristo sea formado en vosotros" *(Gálatas 4:19)*.

No es que estemos enfatizando una clase de intercesión con quejidos (como de dolores de parto), pero lo mencionamos porque a veces esto es lo que sucede cuando oramos e intercedemos intensamente. No tema si experimenta emociones poco usuales, tampoco se preocupe si usted no ora de esta manera. Muchas veces se encontrará orando en una forma muy autoritaria, tomando dominio y autoridad sobre principados y poderes del mal ocultos e invisibles en este mundo

Cuando la carga de la oración es quitada de su espíritu, puede llegar a sentir otra clase de emociones, como: paz, gozo acompañado de risa, o aun lágrimas. Mas allá de sus emociones, esté seguro de que sus peticiones han tocado el corazón de Dios.

Petición

Hacer una petición es pedir o suplicar humildemente (rogar, implorar) por una necesidad a alguien que está en una posición de autoridad. Al pedirle a Dios usted le está rogando que le otorgue un beneficio o una dádiva; suplicándole fervorosamente por Su gracia, misericordia y favor en una necesidad específica.

¿Cómo le pedimos al Señor?

* Tenemos que venir a nuestro Padre Celestial con fe, ésta debe ser como la fe de un niño; con nuestra necesidad específica, sabiendo que Él desea dar a sus hijos buenos dones.

    Pues si vosotros, siendo malos, sabéis dar buenas dádivas a vuestros hijos, ¿cuánto más vuestro Padre que está en los cielos dará buenas cosas a los que le pidan?
    Mateo 7:11

De cierto os digo, que el que no recibe el reino de Dios como un niño, no entrará en él. *Lucas 18:17*

Pedís, y no recibís, porque pedís mal, para gastar en vuestros deleites. *Santiago 4:3*

¿Cuáles son las condiciones para pedir?

* *Examine sus peticiones* y asegúrese de que ellas estén motivadas correctamente; que ellas traigan Gloria a Dios *(Juan 14:13; Santiago 4:2-3)*. No pida para beneficiarse usted mismo o su amor propio.

* *Ruegue y pida con fe,* sin dudar. El pedir y creer le asegurará Su respuesta *(Mateo 21:21-22; Marcos 11:23; Hebreos 3:12; Santiago 1:6)*.

* *Su hábitad debe ser la Verdadera Vid,* que es Jesús. Permanecer y habitar es un compromiso que involucra a las dos partes. Usted debe escuchar, creer y llevar a cabo la Palabra de Dios, y luego el Padre, el Hijo y el Espíritu Santo harán Su morada en usted *(Juan 14:23; 15:1-10)*.

* *La Palabra de Dios* debe estar arraigada dentro de su corazón; así al hacer su petición será hecha conforme a la voluntad del Señor *(Juan 15:7; Romanos 10:8-10; 1 Juan 3:18-22; 5:14-15)*.

* *Sus frutos deben ser buenos frutos,* y deben ser duraderos. Los que llevan frutos demuestran en verdad que son Sus discípulos *(Mateo 7:15-27 15:13; Lucas 3:8-9; 8:14-15; Juan 15:2-16; Judas 12-13)*.

* Cuando pida, debe hacerlo en el Nombre de Jesús. Él le ha dado el permiso y la autoridad de usar Su nombre el cual tiene poder en la tierra, en los cielos y en el infierno. Todo tiene que arrodillarse ante el Nombre de Jesús *(Juan 14:13; 16:23b-24; Filipenses 2:9-10)*.

¿Qué debemos pedir?

... Todo lo que pidiéreis orando...   *Marcos 11:24*
(Ver también *Juan 14:14; Filipenses 4:6*)

Por medio del Espíritu Santo, el Señor pondrá una necesidad o un deseo en su corazón. Cuando esto suceda busque la guía del Espíritu Santo y comience a elevar su petición delante del Señor.

A medida que usted ora y le ruega al Padre, Él hará nacer una visión en su corazón, la cual siempre estará de acuerdo con Su Palabra. No debe ser de otra manera. Si la visión no está de acuerdo con las Escrituras no es de Dios.

Sus peticiones, deben ser pedidos específicos. Ana, quien deseaba un bebé con todo su corazón, le pidió a Dios un niño. Pero, le pidió un niño varón, haciendo un voto desinteresado de entregarlo al servicio de Dios. El Padre la escuchó, le concedió el pedido y ella concibió y dio a luz un hijo; luego fue obediente a su voto. Ana había tenido una necesidad por un largo período, pero cuando expresó su necesidad en voz alta, rogándole al Señor específicamente, con un corazón puro, recibió exactamente lo que había pedido *(1 Samuel 1 y 2)*.

Otros ejemplos en la Palabra de Dios:

* Jacob oró por protección *(Génesis 32:9-12)*.

* El rey Ezequías le pidió a Dios que salve su vida *(2 Reyes 20:1-11)*.

* El siervo de Abraham oró para que Isaac hallara una esposa *(Génesis 24:12-14)*.

* El hombre ciego clamó a Jesús para que le devolviera la vista *(Marcos 10:51)*.

Dios desea que usted le ruegue, que le pida, que lo busque, que llame. Pues en las Sagradas Escrituras se le ha prometido que lo que pida recibirá *(Mateo 7:7-8)*.

Y ésta es la confianza que tenemos en él, que si pedimos alguna cosa conforme a su voluntad, él nos oye. Y si sabemos que él nos oye en cualquiera cosa que pidamos, sabemos que tenemos las peticiones que le hayamos hecho. *1 Juan 5:14-15*

Es un deleite para el Padre Celestial contestar sus oraciones. Pues esto glorifica Su Nombre *(Juan 14:13)*. Pero El desea que usted haga su parte en pedir específicamente.

¿Oraciones no contestadas?

Una de las preguntas más frecuentes relacionadas con la oración es ¿Por qué mi oración no fue contestada? Generalmente lo que esto quiere decir es "¿Por qué mi oración no fue contestada como yo quería?" O puede preguntar "Yo sé que Dios puede, entonces ¿por qué no lo hace?"

No tenemos todas las respuestas, ni tampoco sabemos por qué hay oraciones que no son contestadas, pero la buena noticia es que sí tenemos algunas respuestas que están basadas en la Palabra de Dios. A continuación vamos a prestar atención a diez razones específicas. Muchas veces lo que parece una respuesta negativa, puede terminar siendo una respuesta positiva, que es el método que se describe a continuación.

- *No tener comunión con Dios.* De acuerdo con lo declarado en *1 Corintios 1:9*, tener comunión con Dios es un llamado. Comunión es tener compañerismo, intimidad, comunicación, simplemente pasar tiempo con alguien. Un llamado significa una invitación o pedido. Jesús es nuestro ejemplo perfecto al ir a la montaña para orar toda la noche, especialmente cuando debía tomar grandes decisiones *(Lucas 6:12-13)*.

- *No orar al Padre en el nombre de Jesús.* Jesús le enseñó a sus discípulos cómo orar, y creemos que cuando Jesús dijo hacer las cosas de cierta manera, esa es la forma en que se deben realizar, aun hoy día. La oración debe ser dirigida al Padre en el nombre de Jesús *(Juan 5:23)*. Esta es una verdad muy simple, pero no todos los cristianos la están siguiendo.

- *No pedir, o hacerlo con motivos equivocados.* Algunas personas están muy ocupadas para escuchar oraciones pequeñas. Jesús dice que todo lo que le pidieres, Él lo escucha. Dios no sólo quiere escuchar su lista de compras. Él desea tener comunión con usted. Estas verdades están expresadas en *Santiago 4:2-3* y *Apocalipsis 3:20.*

- *No pedir de acuerdo a la voluntad de Dios.* La voluntad de Dios se aprende por medio de leer Su Palabra, de escuchar Su voz y de pasar tiempo junto a Él. Por ejemplo, la salvación está explicada en Las Sagradas Escrituras. Los hombres de Dios en la Biblia cuando oraban conocían Su voluntad. Moisés en *Exodo 32:11-14* muestra un buen ejemplo. También lea 1 *Juan 5:14-15.*

- *No tener la Palabra de Dios en usted.* Jesús dijo en *Juan 15:7* "Si permanecéis en mí, y mis palabras permanecen en vosotros, pedid todo lo que queréis, y os será hecho". Tener La Biblia en casetes es algo muy bueno, aun escucharla durante la noche.

- *Duda e incredulidad. Santiago 1:5-8* nos dice que le pidamos a Dios con fe, sin dudar que nuestra oración será respondida. Jesús le enseñó a sus seguidores a creer que lo que pidieran lo iban a recibir. El profeta Elías, un hombre con una naturaleza como la nuestra, ganó grandes victorias cuando oró *(1 Reyes 18)*, pero huyó de una mujer cuando le entró la duda *(1 Reyes 19).*

- *Desalentarse o abandonar.* Muchas oraciones no son contestadas, porque uno se desanimó o abandonó la lucha. Vemos esto expresado en Lucas 18:1 "También les refirió Jesús una parábola sobre la necesidad de orar siempre, y no desmayar", (no desanimarse, abandonar). En los versículos siguientes de este capítulo, vemos que la viuda recibió porque siguió pidiendo.

- *No estar de acuerdo.* Jesús enseñó acerca de esto en *Mateo 18:19,* "... si dos de vosotros se pusieren de acuerdo en la tierra acerca de cualquiera cosa que pidieren, les será hecho por mi Padre que está en los cielos". Ponerse deacuerdo en el matrimonio, es la fuerza más poderosa que hay. Pelea y contención es lo contrario a estar de acuerdo, y esto frenará sus oraciones.

- *Falta de perdón.* Una de las declaraciones más importantes que hizo Jesús, está a continuación de lo que todos conocemos por el "Padre Nuestro". En *Mateo 6:14-15* Él dice: "Porque si perdonáis a los hombres sus ofensas, os perdonará también a vosotros vuestro Padre Celestial; mas si no perdonáis a los hombres sus ofensas, tampoco vuestro Padre os perdonará vuestras ofensas". Y Jesús sí quiso decir 490 veces en *Mateo 18:21-22.* Cuando uno vive con una constante actitud de perdón, le es fácil perdonar en cualquier situación. Dios no va a recordar su pecado cuando le haya pedido perdón *(Isaías 43:25).*

- *No dar diezmos y ofrendas.* Los diezmos, tanto en el Aniguo Testamento, como en los primeros creyentes del Nuevo Testamento, es estar dispuesto a darlo todo *(Los Hechos 2:44-47 y 4:32-37).* Jesús habló mucho acerca de dar y de la bendición que ello trae. Una pregunta que se hace frecuentemente: ¿Damos mucho o poco de lo que tenemos? La respuesta es muy simple, ¿quiero mucha o poca bendición?

A continuación hay más razones por las cuales hay oraciones que no son contestadas; si ellas se identifican con usted, quizá desee hacer un estudio más profundo al respecto.

- *Desobediencia (Deuteronomio 1:42-45; Isaías 1:19-20; Hebreos 4:6)*

- *Prejuicio y odio (Proverbios 26:24-28; 1 Juan 2:9-12; 3:15-22)*

- *Pecado sin confesar (Salmos 19:12-13; 66:18; Isaías 59:1-2)*

- *Subestimar, o no cuidar de su cuerpo* (el templo de Dios) *(Proverbios 23:1-8; Lucas 21:34; 1 Corintios 3:16)*

- *Tocar a los ungidos de Dios (1 Samuel 26:5-11; Salmo 105:15)*

- *Temor (Salmo 56:4,11; Proverbios 29:25; 1 Juan 4:18)*

- *No examinar su corazón antes de tomar la comunión o cena del señor. (1 Corintios 11:27-31)*

- *No escuchar la voz de Dios (Proverbios 28:9)*

- *Indiferencia (Proverbios 1:24-28)*

- *Falta de misericordia (Proverbios 21:13)*

- *No honrarnos los unos a los otros (Deuteronomio 5:16; 1 Pedro 3:7)*

- *Tener ídolos (Todo lo que está sobre Dios) (Deuteronomio 7:25-26; Josué 7; Ezequiel 14:3)*

- *Hablar mal del hermano (Gálatas 5:26; Santiago 4:11; 5:9)*

Parte II

Escuchando
de Dios

4

Oyendo la voz
de Dios

La clave para escuchar la voz de Dios puede ser hallada en las Escrituras: *Santiago 4:8*; "Acercaos a Dios, y él se acercará a vosotros." Él quiere hablarle personalmente, y usted debe individualmente oír su voz *(Juan 10:3-5)*. Al acercarse al Señor, usted le abre la puerta a una confianza y comunicación más íntima. Es un deseo insesante *(Salmo 32:8)* guiarle a toda verdad, mostrarle todas las cosas que habrán de venir *(Juan 16:13-15)*.

El Señor le habla por medio de la Palabra y del Espíritu Santo *(Ezequiel 36:27; Juan 14:16-17)*. Jesús lo llama "El Consolador". La palabra consolador deriba de la palabra griega *PARAKLETOS* y significa literalmente: "uno llamado al lado para ayudar". También significa respaldo, apoyo, colaborador, consejero, defensor, intercesor, aliado y amigo. Usted no debe temer a la voz del Espíritu Santo, recordando que El nunca se mueve fuera del orden divino y siempre está en armonía con la Palabra de Dios.

El es su amigo, llamado a caminar y comunicarse con usted. El no es un amigo silencioso *(Salmos 28:7, 37:3; Juan 12:49, 14:26)*.

Dios quiere instruirle y también contestar sus preguntas *(Salmos 21:2; 119:169)*. No debe depender de otra persona para que escuche por usted. Oír la voz de Dios debería ser un suceso diario y normal para quienes de buena voluntad buscan pasar tiempo junto al Señor.

Usted puede lograr esto por medio del estudio de la Palabra de Dios, meditando y memorizando Las Escrituras *(Josué 1:8; Salmo 119: 11,16)*. Entonces, al escuchar la voz de Dios sabrá que es Él, porque está de acuerdo con la Palabra de Dios. Cuanto más conozca Su Palabra, más entenderá la forma en que el Señor tiene de expresarse, como así también Sus caminos *(Exodo 33:13; Salmos 25:4; 103:7)*.

Una de las formas de saber si usted está escuchando al Espíritu Santo es hacerse esta pregunata: ¿La voz guía tiernamente en una dirección o es imperativa y dura? La voz de Dios guía con ternura y aliento, dándole esperanza *(Salmo 18:35; Isaías 40:11; Santiago 3:17)*. *Dios guía. Satanás empuja (Juan 10:4)*. Dios trae convicción, Satanás condenación y culpa *(Salmo 8:1-2)*. Dios guía gentilmente, Satanás empuja y forcejea. Cuando Dios habla, no usa el temor como motivación. Si el temor lo invade, es el enemigo quien le habla, no Dios *(2 Timoteo 1:7)*.

Proverbios 4:20-21 dice:

> Hijo mío, está atento a mis palabras; inclina tu oído a mis razones. No se aparten de tus ojos; guárdalas en medio de tu corazón.

Escuchar: Parte clave en la intercesión

Permítale al Espíritu Santo que le revele fortalezas espirituales, necesidades y cargas específicas; los planes de batalla del enemigo, qué acción tomar en contra de ellos, y la estrategia de oración. La Palabra de Dios nos ordena mantenernos alertas; mirando y esperando. Aprenda a identificar Su voz y sea sensible a responder rápidamente cuando Él lo llama o le responde.

Hay veces que Dios solo está en silencio. Cuando esto sucede puede llegar a ser frustrante, pero continúe esperando con fe y no permita que el enemigo lo haga sucumbir en la incredulidad *(2 Pedro 3:8-9; Hebreos 4:11).* Ponga su mirada en la fidelidad de Dios y en otros de Sus atributos positivos, mientras espera en Él... *(Salmos 33:18; 36:5; 37:7,34; 143:1; Lamentaciones 3:25-26; Filipenses 4:8).*

El pueblo de Dios no debería pensar que escuchar a Dios es algo difícil o solamente para los "espirituales" o "maduros". Aun en los primeros meses de la infancia un niño aprende a reconocer la voz de aquel que se preocupa por él. Lo mismo ocurre con el Señor. Cuanto más tiempo pase junto a Él en completa confianza, al igual que un niño, con mayor claridad reconocerá Su voz. Cuanto más madura un niño, mejor puede comunicarse. Usted necesita tomar tiempo para escuchar al Rey de Reyes, concentrándose en lo que Él está diciendo.

Jesús dio Su Palabra que Sus ovejas escucharían Su voz. Usted es una de sus ovejas y mientras sea parte del rebaño, escuchará Su voz.

Mis ovejas oyen mi voz, y yo las conozco, y me siguen. *Juan 10:27*

El que es de Dios, las palabras de Dios oye... *Juan 8:47*

¿Cómo habla Dios?

"Dios me habló", es probablemente una de las frases que más mal se interpretan entre el pueblo de Dios, lo cual puede llegar a crear una atmósfera de malos entendidos, confusión, daño, rechazo, celos, orgullo, etc. Tal vez usted se ha encontrado con alguien que sentía que escuchaba a Dios, y que todos debían aceptar lo que esta persona decía.

Si usted no está familiarizado con la frase "Dios me dijo", quizá no comprende cómo escuchar la voz de Dios, o tal vez se sienta inferior pensando que Dios nunca le habla.

Primero, debe comprender que Dios *RARAMENTE* habla en voz audible. Esto puede ocurrir, pero no es la manera normal por medio de la cual Dios le habla al hombre. Dios es Espíritu y se comunica con usted por medio de Su Espíritu Santo, el cual mora dentro suyo.

Y yo rogaré al Padre, y os dará otro Consolador, para que esté con vosotros para siempre: el Espíritu de verdad, al cual el mundo no puede recibir, porque no le ve, ni le conoce; pero vosotros le conocéis, porque mora con vosotros, y estará en vosotros.

El que me ama, mi palabra guardará; y mi Padre le amará, y vendremos a él, y haremos morada con él. El que no me ama, no guarda mis palabras; y la palabra que habéis oído no es mía, sino del Padre que me envió. Mas el Consolador, el Espíritu Santo, a quien el Padre enviará en mi nombre, él os enseñará todas las cosas, y os recordará todo lo que yo os he dicho. *Juan 14:16-17,23-24,26*

Si Dios no habla en una forma audible, ¿cómo habla? El habla por medio de Su Espíritu Santo, a través del teatro de su mente, y de la audición espiritual; de la misma manera en que usted usa su mente y su oído natural.

Usted no piensa en palabras; usted piensa en imágenes. Imagínese que un amigo le dice: "Deberías haber visto a Tomás, tu mejor amigo, en la esquina ayer, con su pequeña niña. Estaban compartiendo acerca de Jesús, su hija cantaba

'Cristo me ama', de una manera tan especial". Mientras se lo están relatando, puede imaginarse a Tomás y su niñita compartiendo a Jesús y cantando. Podría hacer una imagen en el teatro de su mente y escuchar la canción aun dentro suyo, porque los conoce muy bien a ambos.

Otros ejemplos: Suponga que se acaba de comprometer y que quiere contárselo a su familia. Probablemente lo ensayaría una y otra vez en el teatro de su mente, viendo y escuchando sus reacciones.

Cuando Dios habla, lo hace de la misma manera. Cuando comience a conocerlo por medio de Su Palabra, comenzará a reconocer Su carácter y Sus caminos. Es importante enfatizar que el Espíritu Santo *núnca* habla lo que es contrario a la Palabra de Dios.

Cómo examinar su palabra

Examine aquello que siente que el Señor le ha hablado. Primeramente debe ir a las Sagradas Escrituras y ver qué es lo que ellas dicen acerca de lo que usted oyó o escuchó. ¿Cómo puede lograr esto? Tal vez desee consultar con una buena concordancia bíblica y buscar las palabras a medida que las vaya recibiendo.

Tomemos el ejemplo de cuando Dios me llamó a mí a la oración. Yo escuché: "Elizabeth, Yo tengo necesidad de ti". Yo comencé a meditar en cada una de las palabras que el Señor me habló.

Obviamente yo reconocí mi propio nombre; la palabra *yo*, quería decir *el Señor*, el Yo Soy. "Tengo", puede ser ahora, o también en el futuro. Pero ¿de qué tenía necesidad Jesús? Fui a la concordancia y busqué el significado de la palabra "necesidad". Allí encontré que Jesús había tenido necesidad de sólo una cosa: un burro.

¿Qué quería decir todo esto? Tomé la enciclopedia y leí acerca del burro. Decía que servía para llevar cargas, y que llevaba un peso mucho mayor que el de su tamaño. También alivia la carga de una persona y con frecuencia camina a su lado.

¿El Señor me estaba llamando a interceder para ayudar a alguien a llevar su carga? (Pasó un tiempo y esto fue confirmado y se transformó en una realidad en mi vida).

Guía para escuchar la voz de Dios

* **Ate la voz del enemigo.** Cuando usted ore, Satanás tratará de interrumpirlo. Por eso, cuando comience a orar, es muy importante que ate la voz del enemigo hasta que llegue a conocer la voz de Dios, como conoce la de su mejor amigo. Haga esto en el Nombre de Jesús. Confíe en el Espíritu Santo. El le guiará a *toda* verdad *(Mateo 16:19; Santiago 4:7; Juan 14:26; 15:26-27; 16:13-15; 1 Pedro 5:8,9).*

* **Someta su propia voluntad y razonamiento al Espíritu Santo.** Muchas veces, su propia voluntad y razonamiento se interponen en el camino de lo que el Espíritu Santo le desea compartir o comunicar. Confíe en el Señor con todo su corazón y no en su propio entendimiento *(Salmo 119:104,125; Proverbios 3:5; 16:3; 1 Corintios 2:14,16; Santiago 4:7,8).*

* **Ponga de lado sus propios problemas.** Dejar de lado sus propios problemas, no es fácil, pero es necesario si desea una comunicación verdadera. El concentrarse en sus problemas crea como una especie de "corriente eléctrica" que puede interferir y a la misma vez traer confusión causando una mezcla de interpretaciones *(Salmos 37:5; 42:5; 43:5; Proverbios 3:5; 14:30; Isaías 26:3; Filipenses 2:4; 4:6-7; 1 Pedro 5:7).*

* **Ponga toda su atención en la Palabra de Dios.** Haga que su mente se concentre en lo que Él le está diciendo: escuchar, es una acción pasiva, mientras que escuchando

es activa. Esto va a requerir esfuerzo mental y una buena atención. Satanás peleará en contra de esto, porque a mayor revelación de la Palabra de Dios, hay una mayor amenaza contra el reino de las tinieblas *(Salmo 37:7; Proverbios 4:4,20,23; 1 Corintios 2:10-12; 2 Corintios 10:5).*

- **Limite su hablar.** Después que le haya pedido algo a Dios, tome tiempo para estar en silencio y espere en el Señor. Usted hace lo mismo cuando habla con un querido amigo *(Números 9:8; Salmos 18:28; 27:14; 31:24; 37:5; Cantares 2:14).*

- **Escríbalo.** Preste atención a sus pensamientos e ideas. El Espíritu Santo le hablará por medio de imágenes o figuras en su mente. Cuando esto ocurra, tome tiempo para escribirlas, porque con el transcurso del tiempo hay una tendencia a olvidarlas. Y quizás luego, el Señor desee agregar algo más. No pasará mucho tiempo hasta que usted comience a darse cuenta de que lo que escribió es parte de un todo (padrón, plan). Mientras continúa orando y recibe respuestas a sus oraciones, algunas imágenes o figuras comenzarán a tener un significado especial para usted *(Exodo 17:14; Salmos 16:7; 36:8b-9; 37:5; 77:6; Proverbios 9:10; 16:3,9; 1 Corintios 2:9-16).*

- **No discuta en su mente.** A veces cuando el Espíritu de Dios habla, tenemos la tendencia de argumentar y cuestionar: Oh, es sólo mi imaginación, o mi pensamiento. Pero si lo compara con las notas que ha tomado, Dios le dará la confirmación de otros momentos que estuvo junto a Él, o agregará algo nuevo para el futuro *(Isaías 46:10-11; 1 Corintios 2:16; Filipenses 2:5; Juan 16:13).*

- **Espere en Dios para la interpretación.** No trate de comprender enseguida todo lo que recibe de Dios. Espere sabiduría y el tiempo del Señor *(Salmos 27:14; 37:7; Proverbios 2:6; 16:3; Daniel 2:22-23,28,30; Juan 10:4; Efesios 1:17; Colosenses 1:9).*

- **No se adelante al Espíritu Santo (ni vaya detrás.)** Muchas veces, cuando el Señor nos revela algo, estamos tan emocionados que corremos y se lo contamos a todos; pero el Señor no nos ha dado todo aún. Dejemos que Él dé el crecimiento a los pensamientos que nos da, hasta que los haya terminado por completo; espere hasta que esté seguro que ha terminado. No haga usted las cosas. *Proverbios 16:9* dice: "El corazón del hombre piensa su camino; mas Jehová endereza sus pasos" *(2 Corintios 4:6; 2 Pedro 3:9a; Jeremías 10:23; 1 Corintios 4:5a).*

- **Sea confiable.** El Señor compartirá con usted así como usted comparte con un amigo. Él confía en usted así como usted confía en quienes comparte sus confidencias. Cuanto más confiable sea usted en las cosas íntimas y profundas de Dios, más cosas le compartirá *(Isaías 45:3; Salmo 25:14; Génesis 18:17-19; Números 12:7-8).*

- **El Espíritu Santo también habla a través de la música.** Hay veces que se levanta con una melodía en su corazón, como la canción "Sólo Creed". Preste atención a las palabras de esa canción; porque puede llegar a ser la clave de lo que usted necesite durante el día para edificar su fe, y llegar a la victoria *(Exodo 15:1; 2 Crónicas 20:21-22, Salmos 32:7b; 40:3;42:8; 77:6; 138:5; Colosenses 3:16; Efesios 5:19).*

- **Preste atención a sus sueños.** El Señor a veces habla a través de sueños y visiones (o imágenes en la mente). Se dará cuenta después de un tiempo, que algunas imágenes o circunstancias servirán de modelo, lo cual comenzará a significar algo y le ayudará a interpretar lo que ha soñado. No todos los sueños son de Dios; los que lo son en realidad, dejarán un profundo sentir de paz en usted. Podrá recordarlos aunque pase el tiempo. Recuerde escribirlos. Será la única forma que los recordará con todos los detalles cuando los necesite. Aun si no comprende el sueño, escriba lo que cree que es significativo *(Daniel 2:19-23; 4:18; 7:1,2,7,13; 9:21-22; 10:14,21; Job 33:14-16; Mateo 1:20;2:13).*

- **No tema el estar en silencio.** A veces el Señor está en silencio. Si al orar no escucha nada de parte de Dios, no decaiga. Muchas veces el Espíritu Santo desea que usted adore al Señor. Si su corazón está limpio delante de Él, todo está bien. Dios sólo desea que usted venga y esté en Su presencia porque le ama y quiere tener comunión con Él. Estar solo en silencio y conocer que Él es Dios *(Salmos 23:2; 45:11; 96:9; Isaías 12:2,3; 30:15; 50:10; Cantar de los Cantares 1:4).*

Ejercitándose en escuchar la voz de Dios

Imagínese que alguien pronuncia la palabra "hombre", después "mujer", y luego "casa". En el teatro de su mente usted **no** ve las letras h-o-m-b-r-e-, etc. Lo que usted **ve** es la imagen de un hombre, de una mujer, o de una casa.

Ahora, cambiemos esas mismas palabras por "mi padre", "mi madre", "mi casa". Estas palabras traen una imagen totalmente diferente a nuestra mente. ¿Quién es la persona que usted más ama en el mundo? La imagen ahora es totalmente diferente.

Piense, en un momento verdaderamente memorable que usted y la persona que ama compartieron. Usted no ve palabras, pero esas impresiones han quedado fuertemente grabadas en su mente; es como que usted puede "ver" y "escuchar" lo que se dijo y se hizo. En realidad usted no está viendo ni escuchando, pero porque esta persona es tan importante para usted, así también como la experiencia vivida, puede recordarlo una y otra vez.

Con el Señor es igual. Cuando comienza a pasar tiempo junto a Él y meditar en Su palabra, usted también lo verá y escuchará; llegando a conocerlo aún más que a la persona que más ama en todo el mundo. Esto se desarrollará naturalmente en una relación íntima y de amor entre usted y el Señor Jesús.

Probablemente ha escuchado la voz de Dios muchas veces, e indudablemente Él le ha dado señales que usted no se dio cuenta que venían de Él.

Facetas del Espíritu Santo

El Espíritu Santo tiene varias facetas en su personalidad. El es una persona, y como usted y yo experimentamos distintas emociones, y nos expresamos de diferentes maneras, así también el Espíritu Santo. Pero nunca se expresa fuera de la Palabra de Dios; o exalta y llama la atención a la carne.

Cuando me enseñaron esto en la Escuela Bíblica, se abrió mi entendimiento en una forma totalmente diferente, con lo que respecta a la personalidad del Espíritu Santo. Esto incluso me ayudó a comprender la diferencia entre las distintas clases de respuestas de parte de la gente, durante los momentos de alabanza en un servicio, culto o reunión, y en los grupos de oración u otros encuentros.

¿Ha estado alguna vez en una reunión en la cual el poder del Espíritu Santo era tan real y dulce, que sintió que todos deberían estar en silencio, sabiendo que Él es Dios? Pero la persona a su lado no sentía de la misma manera. Ella estaba llena de gozo y excitación. Quería cantar, aplaudir, saltar. Y usted quería decirle: "Shh, silencio, ¿no sabe que la presencia de Dios está en este lugar?" Al mismo tiempo, la otra persona tampoco entendía por qué usted estaba tan ensimismado. Quizá ambos pensaron que el otro no percibía el mover del Espíritu Santo. Pero en realidad, era que el Espíritu estaba obrando de diferente manera en cada uno.

¿Es esto contrario al carácter y la armonía de Dios? ¡No! Por ejemplo, los hombres y las mujeres en la iglesia no se parecen, no se visten igual, tampoco hablan igual, ni se comportan de igual manera. Tampoco actúan igual, o se visten igual todos los días. Ellos cambian día a día. Es lo mismo con el Espíritu de Dios en usted. A medida que se rinda a Él, el Espíritu Santo se moverá por medio suyo, en la manera que Él desee.

> Ahora bien, hay diversidad de dones, pero el Espíritu es el mismo. Y hay diversidad de ministerios, pero el Señor es el mismo. Y hay diversidad de operaciones, pero es Dios que hace todas las cosas en todos, es el mismo. *1 Corintios 12:4-6*

Veamos algunas facetas del Espíritu Santo.

- **Convincente.** *Juan 16:8-9* dice:

> Y cuando él venga, convencerá al mundo de pecado, de justicia y de juicio. De pecado, por cuanto no creen en mí.

- Vemos al Espíritu Santo trayendo convicción al inconverso acerca del pecado, de la justicia, o de juicio. Es esta la faceta que acerca o conduce a las personas a Jesús. El Espíritu Santo mantiene su dedo señalando qué está mal, hasta que se resuelve. Esta es la manera en que frecuentemente se mueve en las reuniones de la iglesia.

Billy Graham, en una entrevista contó a un grupo de ministros en Greesnboro, Carolina del Norte, Estados Unidos, que cuando alguien le preguntó: "¿Cuál es el secreto de su ministerio?", él respondió: "Si hay un secreto en mi ministerio, no es mi secreto. Es el secreto del Espíritu Santo. Hay dos cosas en que yo confío plenamente: la primera es el poder convincente del Espíritu Santo, y lo segundo, la Biblia dice..." Convicción puede ser una cosa muy hermosa, pero también puede ser dolorosa. Cuando la convicción del Espíritu Santo se mueve en una persona, se experimentan varias emociones. No interrumpa al Espíritu Santo cuando está tratando con la vida de alguien. Espere el tiempo de Dios. Ore y sea usted mismo un asistente Suyo.

- **Limpiador**. La naturaleza sensible del Espíritu Santo es el clamor santo (justa indignación), dentro suyo, lo cual causa odio al pecado, o le hace tomar autoridad sobre el diablo. El Espíritu de Dios dentro suyo se levanta y le hace odiar el pecado que destruye al pueblo de Dios. Esta es la faceta en la cual se movió Jesús cuando limpió el templo.

Vinieron, pues, a Jerusalén; y entrando Jesús en el templo, comenzó a echar fuera a los que vendían y compraban en el templo; y volcó las mesas de los cambistas, y las sillas de los que vendían palomas; y no consentía que nadie atravesase el templo llevando utensillo alguno. Y les enseñaba, diciendo: ¿No está escrito: Mi casa será llamada casa de oración para todas las naciones? Mas vosotros la habéis hecho cueva de ladrones. *Marcos 11:15-17*

- Jesús estaba enojado por el pecado cometido contra el Templo de Dios. No con la gente. Es lo mismo hoy en día, sólo que ahora sus hijos son el Templo del Dios viviente; no uno hecho de piedra. Cuando el Señor decide limpiar el templo (el ser humano) hoy en día, lo hace por medio del poder limpiador del Espíritu Santo. Pablo nos dice en *Efesios 4:26-28:* "Airaos, pero no pequéis; no se ponga el sol sobre vuestro enojo, ni deis lugar al diablo." Cuando el Espíritu Santo se mueve dentro suyo de esta manera, experimentará el enojo de Dios, por medio de una justa indignación para no pecar más en contra de Él. Esta clase de enojo no le da lugar a Satanás, en realidad tiene el efecto contrario. Un maestro muy conocido de la Biblia lo describe de esta manera: "Es el clamor santo del hombre interior, por medio del Espíritu Santo, el cual está unido al Espíritu de Dios y al espíritu del hombre, clamando juntos por aquello que es inmoral, pecaminoso, injusto y por todo lo que destruye al Reino de Dios y el cuerpo, alma y espíritu del hombre". Esta faceta del Espíritu Santo no solamente se mueve en justa indignación contra la naturaleza inmoral de otros, sino también contra la inmoralidad que está en usted. Puede ser doloroso cuando el Espíritu de Dios comienza a tratar con su propia naturaleza, en esas cosas que no le agradan a El. Mientras usted permite que Su Espíritu eche fuera aquello que es impío e injusto dentro suyo, también experimentará Su poder limpiador y esta faceta convincente de Su personalidad.

- **Comunión.** Esta faceta del Espíritu Santo desea comunión y compañía con usted. Comunión es el intercambio de ideas, opiniones, pensamientos, sentimientos. Comunión tiene que ver con la palabra comunicar. Es el deseo del Señor que usted venga a su presencia. Él quiere compartir con usted lo que hay en Su corazón y desea escuchar lo que hay en el suyo. En *Juan 17* Jesús ora, y esta oración es conocida como la oración del Sumo Sacerdote. El ora al Padre por nosotros, para que tengamos comunión y compañerismo con Él.

Mas no ruego solamente por éstos, sino también por los que han de creer en mí por la palabra de ellos, para que todos sean uno; como tú, oh Padre, en mí, y yo en ti... *Juan 17:20-21*

- Hay momentos en que Dios sólo desea tener comunión con nosotros. Lo hace por medio de la oración, la alabanza y la adoración, la meditación y el estudio de Su Palabra. Cuanto más comunión tenga con el Señor, más lo conocerá y más sensible será a las otras facetas de la personalidad del Espíritu Santo.

- **Compasivo**. Compasión es una cualidad del Señor, que es acompañada por una emoción interior profunda. En el griego significa literalmente compasión o ternura desde las entrañas, ternura profunda desde adentro. Esto es más que simplemente referirse a ser simpático, o preocuparse por alguien; esto crea un identificarse profundamente en el interior, que es lo que hace obrar milagros. Cada lugar en las Escrituras que declara que Jesús estaba "lleno de compasión", o fue "movido a compasión", trajo como consecuencia una demostración del poder de Dios que obró milagros. Jesús tenía compasión por los hambrientos y los alimentó; Él curó al ciego, levantó de la muerte, echó fuera demonios y limpió al leproso. Jesús era siempre movido por el Espíritu de Compasión cuando vio a la gente como ovejas sin pastor *(Mateo 9:36; 14:14; 15:32; 20:34; Marcos 1:41; 6:34; 8:2; y Lucas 7:13)*.

- **Consejero**. Jesús dijo que nos convenía que Él se fuera porque vendría el Consolador (Ayudador) para guiarle y llevarle a toda verdad. El Espíritu Santo no hablaría por su propia autoridad, sino que hablaría todo lo que oyera *(Juan 16:13)*. El Espíritu Santo le enseñará e instruirá en el camino. Un consejero no solamente da consejos, sino que también cambia ideas con usted; le ayuda a tomar una decisión, o le señala una dirección. El es llamado a su lado para ayudarle. En esta faceta el Espíritu Santo le aconseja, y habla a través suyo para ayudar y aconsejar a otros. ¿Ha estado almorzando con alguien que tenía un problema o una necesidad? Al abrir su boca sabiduría salió de ella, al punto que usted quedó maravillado. Usted fue de tanta ayuda para esa persona, que decidió encontrarse con ella la semana siguiente y hablar nuevamente. Pero a la semana siguiente no tenía la misma sabiduría y consejo. ¿Qué sucedió? El poder del Espíritu Santo estaba presente la primera vez, pero a la semana siguiente no operó de la misma manera.

Mas el Consolador, el Espíritu Santo, a quien el Padre enviará en mi nombre, él os enseñará todas las cosas, y os recordará todo lo que yo os he dicho. *Juan 14:26*

- **Comandante - quién da ordenes**. Esta es la faceta que le pertenece a Dios, por haber creado el mundo. Su autoridad pone fin a todo argumento o acción. El diccionario Webster lo define como: "...implica autoridad, poder de control y requiere obediencia". En griego significa poner en el cargo correcto, puesto sobre, poner a cargo. Jesús estaba en la barca con sus discípulos y una tormenta comenzó a azotar. Sus discípulos comenzaron a tener miedo y despertaron a Jesús porque pensaban que perecían. Jesús ordenó a la tormenta que cesara.

Y vinieron a él y le despertaron, diciendo: ¡Maestro, Maestro, que perecemos! Despertando él, reprendió al viento y a las olas; y cesaron, y se hizo bonanza. Y les dijo: ¿Dónde está vuestra fe? Y atemorizados, se maravillaban, y se decían unos a otros: ¿Quién es éste, que aun a los vientos y a las aguas manda, y le obedecen? *Lucas 8:24-25*

- Cuando da una orden en el poder del Espíritu del Señor, usted tiene autoridad. No tiene que pedirla ni demandarla, ya es suya por medio de la virtud del Espíritu Santo de Dios. Usted no puede dar una orden y esperar resultados a menos que el Espíritu de Dios le dé las directrices. Orar es una parte importante para saber cuál es la voluntad de Dios. Cuando Pablo ayunó, el Señor fue quien le dio instrucciones. Hay muchos lugares en la Palabra de Dios donde el Espíritu del Señor habló y dio una orden y otros obedecieron, tanto en el mundo espiritual como en el natural. Jesús ordenó a los espíritus salir, mientras que Pablo ordenó no dejar el barco cuando parecía que se hundía.

- **Vencedor**. Esta faceta del Espíritu Santo es el poder vencedor de Dios que nos hace victoriosos. Es también el gozo del triunfo cuando usted sabe que ha ganado la victoria. Esto es lo que Dios le dio a David cuando derrotó a Goliat. El sabía quién era él en el Señor y fue a vencer sin miedo o duda *(1 Samuel 17)*. El gozo de la victoria se sintió cuando Moisés, Miriam y los hijos de Israel entonaron la canción de liberación, cuando derrotaron a los Egipcios *(Exodo 15)*. Hay muchos ejemplos en la Palabra de Dios de esta faceta de Vencedor del Espíritu Santo, y como sabemos, *somos más que vencedores en Él*.

- **Concierto**. Cuando el Señor se mueve en esta faceta, lo hace por medio de una melodía en su corazón. El diccionario define la palabra concierto como: "Acuerdo entre dos o más para idear o planear; unión formada con mutua comunicación de opiniones sobre un punto de vista; armonía". En esta faceta el Señor le dará consuelo, gozo, paz guía, etc. Las canciones le ministrarán consuelo y victoria en tiempos de pena y dolor. Puede ser por medio de un coro, de una canción, poesía o melodía, con la cual usted esté familiarizado; o puede venir directamente del corazón del Señor. Se dará cuenta de que esta faceta del Espíritu estará en armonía con todas las otras de una manera muy especial. Ahora podrá apreciar las distintas respuestas y reacciones que las personas den al mover del Espíritu Santo en una reunión o servicio. Es conmovedor observar al Espíritu Santo del Señor moverse de diferente manera en cada uno. Usted siga la guía del Señor en su propio corazón, y deje que se mueva en otras personas como Él desee.

Pruebe todo

Es importante no sólo aprender a escuchar la voz de Dios sino probar (analizar y examinar) todas las cosas.

Examinadlo todo; retened lo bueno. *1 Tesalonicenses 5:21*

Cuando escuche la voz de Dios, no se apoye en sus sentimientos y opiniones. Todo debe estar de acuerdo y en armonía con la Palabra de Dios y con Su carácter. El Espíritu Santo nunca anula lo que la Palabra de Dios declara ser verdadero.

A continuación hallará pautas para probar y examinar lo que ha recibido, o lo que le es dicho por otros de parte de Dios. Al principio llevará tiempo, pero a medida que crezca en el Señor, será más fácil; a medida que Su Palabra se haga más real en usted, será más eficaz y seguro. A continuación presentamos una corta guía de una mucho más larga, la cual le puede ayudar a no caer en error.

- **Nunca mire al hombre, mire a Jesús.** Nunca mire al hombre, o trate de buscar palabras de confirmación de su parte. Muchas veces Dios usará a personas para confirmar lo que Él ha dicho, pero vendrán a usted sin que lo espere; será expresado con humildad y quien lo haga no estará buscando aprobación.

- **Nunca ponga un límite al tiempo de Dios.** El tiempo de Dios y nuestro tiempo no es el mismo. Hay profecías en la Biblia que todavía no se han cumplido, pero porque Dios lo ha dicho, sucederá. Cuando reciba algo de parte de Dios, será en Su tiempo, no se desanime. Confíe en Él *(1 Crónicas 17:11-12; Isaías 2:2; 46:10-11b; Eclesiastés 3:11; Hechos 7:17; 11:28; Apocalipsis 1:1)*.

- **Confirme siempre con la Palabra de Dios lo que ha recibido.** Dios nunca le revelará aquello que esté fuera del contexto de Su Palabra. Aun cuando sea exactamente la palabra que esté buscando y confirme lo que usted pensó que el Señor le había dicho; si no está de acuerdo con la Palabra de Dios, deséchela; pues sólo lo llevará al engaño.

- **No use Escrituras fuera de contexto.** Para entender claramente la Biblia, lea todo el contexto y evitará engañarse y herirse a usted mismo y a otros. Muchas veces, las personas no sólo toman Escrituras fuera de contexto, sino que las usan para "confirmar" lo que les conviene, o lo que ellos creen que es correcto para una situación o circunstancia. Dios usa las Escrituras para confirmar, pero no las usa fuera de contexto. Debe aprender a juzgar de acuerdo a toda la Escritura. Toda palabra, frase o título es importante *(2 Pedro 1:20-21)*.

- **¿Qué sucede si la revelación que recibimos está de acuerdo con la Palabra de Dios, pero usted no la entiende, y su Espíritu no da testimonio de ella?** Déjela a un lado, ore por ello y permítale al Espíritu Santo del Señor que la haga realidad. Recuerde, el Señor conoce el futuro, y puede llegar a ser exactamente lo que usted necesite para confirmar una situación, o mostrarle que está en el lugar que el Señor desea para usted. Deje que el tiempo lo pruebe y lo confirme. Esta es una de las razones por las cuales es tan importante escribir lo que recibe de parte de Dios. Así no tendrá confusión ni dudas en el futuro.

- **No juzgue la Palabra dada a otros.** Solo Dios conoce los pensamientos y las intenciones del corazón del hombre. Muchas veces no conoce la situación, ni comprende por lo que una persona está atravesando. Lo que esto quiere decir, es que una Palabra puede significar algo para usted, y algo totalmente diferente para otra persona a quien le es dada *(Proverbios 14;10; Romanos 14:4; 1 Corintios 2:11)*.

- **Nunca permita que palabras o imagenes le traigan confusión y miedo**. Si esto sucede, no es del Señor. Dios no es un Dios de confusión, no crea ni usa tácticas de miedo para controlarlo *(Juan 14:27; Romanos 14:17; 1 Corintios 14:33; 2 Corintios 2:11; 2 Timoteo 1:7)*.

- **¿Ha puesto Dios una condición a la revelación que le ha dado?** "Haré esto,... si tú haces aquello,..." Muchas veces Dios nos da promesas, pero nosotros debemos cumplir primero Sus condiciones *(Proverbios 2:1-6; 4:4)*.

5

Lleve un diario personal

Un diario personal, es llevar un registro de las experiencias y obsevaciones personales en forma regular.

"Está escrito", se encuentra a menudo en la Palabra de Dios, El mismo escribió los Diez Mandamientos para el hombre. El rol de los escribas era muy valorado durante la época en que la Biblia fue escrita porque registraban importantes eventos y guardaban información de escritos y genealogías pasadas.

¿Cuándo usar el diario? Cuando el Señor le dé imágenes, palabras, o escrituras durante su momento de oración. Esto no necesariamente tiene que suceder todos los días, pero sí a menudo.

¿Por qué tener un diario? Es difícil confiar a la memoria todas las cosas que oímos y recibimos. Esto puede llegar a ser muy difícil si usted no comprende enteramente lo que el

Señor le está diciendo. Pero el diario de oración no es para Dios, es para usted.

El Señor puede hablarle cosas que sucederán en los próximos días, meses o años. Cuántas veces ha dicho: "Si pudiera recordar...", o "Si lo hubiera escrito...".

Llevar un diario incrementa su fe a medida que usted se da cuenta de que realmente escucha la voz del Señor, especialmente cuando las cosas que ha escrtio comienzan a suceder.

¿Cómo puede llevar un diario de oración? Hay muchas maneras de hacerlo. Su diario debe incluir *siempre* cualquier imagen o escritura que reciba en oración, cuando esté orando por una persona o situación. Debe escribir no sólo lo que ha visto y oído, sino también sus propios sentimientos e interpretaciones en ese momento. Entonces, cuando Dios conteste es bueno recordar y comprobar los sentimientos e impresiones con el resultado de lo sucedido.

**Asegúrese de poner la fecha,
cada vez que escriba algo importante.**
Los diarios no deben ser modernos o caros. Algunos prefieren cuadernos con espiral, otros libretas o agendas. También puede comprar un diario en una librería, o usar la computadora. Quizá desee probar diferentes clases de diarios, hasta encontrar el que es mejor para usted. Lo importante no es lo que usa; lo importante es registrar sus momentos con el Señor.

Si lo desea, puede separar su diario en diferentes temas relacionados con usted como familia, iglesia, negocios, amigos, proyectos, etc.

¿Está orando por algún amigo en particular, o algún miembro de su familia? Ponga su foto en la parte superior de la hoja, con sus pedidos de oración debajo de ella, y las respuestas que va obteniendo a medida que el Señor vaya contestando.

Le recomendaría que escribiera cualquier versículo que reciba, especialmente si hace poco que está en el camino del Señor. Esto hace que gracias al registro que tiene, pueda encontrar rápidamente lo que el Señor le ha dicho, y le ayudará a aprendérselo de memoria.

Cuando reciba una imagen en el teatro de su mente, dibújela en su diario. No tiene que ser algo con lujo de detalles, sólo un ayuda memoria, para que al verlo lo recuerde. Es bueno que ponga una explicación a cada cosa o persona que sea parte del dibujo, y que explique qué significa cada uno.

Llevar un diario de oración puede ser una de las mejores cosas que haga por usted mismo. Si logra realizarlo durante veintiún días, puede decir que ha establecido un hábito y será mucho más fácil cada vez. Como todo lo que es importante, va a requerir disciplina, pero los beneficios son increíbles.

6

Respondiendo a lo que ha oído

Después que el Espíritu Santo le haya revelado el corazón del Padre, es importante que usted le conteste con la respuesta y el reconocimiento apropiados; como por ejemplo: dándole gracias al Señor por lo que ha hecho, dar un grito de victoria o alabarle. El responder al mover de Dios con una acción agudiza su habilidad para escuchar. Comience a hablar y a comunicarse con Dios libremente, obededeciendo las direcciones que Él le ofrece.

Mientras esté intercediendo trate de hacer una pausa por unos instantes y así escuchar lo que el Señor está diciendo. Luego de rogar por cada petición, tome tiempo para bendecir a Dios por lo que está llevando a cabo en Su reino por medio de sus oraciones.

Cuando termine su tiempo de oración, hágalo con gozo, con gratitud o alabanza; sellando el trabajo hecho por el

Espíritu Santo. La oración del Padrenuestro comienza y termina con alabanza, lo cual le da un buen ejemplo a seguir.

No se frustre pensando cúal es el paso correcto que debe tomar, o qué respuesta debe dar. Es el Espíritu Santo quien le guiará en cada paso del camino.

Claves para la oración

Esta guía no tiene la intención de limitarle en su forma de orar. Por el contrario, nos hemos empeñado y esforzado en consolidar un fundamento para guiarlo en su comunión y comunicación con el Padre Celestial.

Lo más importante no es que esté recibiendo grandes revelaciones, o que ore brillantemente, sino que sea fiel y constante al llamado a la oración que ha sido puesto en su vida. A medida que usted sea obediente a Dios, Su poder comenzará a fluir por medio suyo; y aunque no logre comprender específicamente cada una de las respuestas que el Espíritu Santo le da, comenzará a ver un avivamiento y un fortalecimiento en el cuerpo de Cristo *(Hebreos 11:13,39).*

- Cuando inicie su tiempo de oración, empiece orando por los hechos ya conocidos que son obvios. Ore la Palabra de Dios y sus preciosas promesas que en ella se encuentran otorgadas a nosotros sus hijos.

- Permita siempre que el Espíritu Santo sea el que esté en control. Recuerde: usted sólo es un soldado en el Ejército de Dios, Jesús es nuestro "Comandante en Jefe". Permítale al Espíritu Santo que se mueva en sus diferentes facetas, en las distintas dificultades. No se apoye en su propia prudencia *(Romanos 8:26).*

- Ore con el entendimiento en su propio idioma; con cánticos y en el Espíritu *(1 Corintios 14:15).*

- Ore con fe y confianza esperando una intervención divina a su favor *(2 Corintios 4:18; Hebreos 11:6; 1 Juan 5;14-15).*

- Tome tiempo para escuchar, pues escuchar es una parte clave en su comunicación con Dios y una de las llaves más importantes para una intercesión victoriosa.

- Continue orando hasta obtener la respuesta. Antes de avanzar espere hasta que el Espíritu Santo le asegure que la tarea, por medio de la oración, ha sido realizada *(Lucas 11:5-13; 5:1-8).*

- Flexibilidad y rapidez en actuar, determinan una parte crítica en lograr la victoria. La única clase de obediencia que agrada a Dios, es aquella obediencia que es inmediata.

- Recuerde sus momentos de comunión y oración con el Señor, sin la preparación necesaria y precisa será solo una pérdida de tiempo. Tome tiempo para meditar en la Palabra de Dios. Renueve su mente. Examine su corazón y asegúrese que todos sus pecados han sido cubiertos por la Sangre de Jesús y que en su corazón no guarda ninguna clase de rencor, sino que ha perdonado a todos los que le han hecho mal *(Josué 1:8; Proverbios 4:20-24; Hebreos 10:22; 1 Juan 1:7-9).*

Parte III

Guerra

Espiritual

7

Es una lucha

La evangelista alemana Corrie Ten Boom dijo: "Es un soldado inexperto el que no sabe reconocer a su enemigo". La llave a la victoria en la guerra del mundo natural, así también como en el mundo espiritual, es identificar al enemigo claramente y poder llegar a entender y a comprender su carácter y sus métodos.

Identificar al enemigo

¿Quién es el enemigo de los cristianos? El enemigo de los cristianos es Satanás y su ejército de ángeles caídos. Nuestra oposición y lucha es contra estas fuerzas espirituales, las cuales son invisibles (Ver *Isaías 14:12-14; 2 Pedro 2:4; Judas 6; Efesios 6:12).*

El diccionario define la palabra enemigo como: "una fuerza y poder hostil que tiene efectos destructivos". La palabra hebrea en el Antiguo Testamento significa: "observador, o alguien que está mirando u observando con una actitud de crítica". El nombre Satanás quiere decir: "adversario o quien acusa".

De acuerdo a lo que C.S. Lewis expresa "el truco o artimaña más habilidosa que el diablo utiliza es tratar de convencer al mundo que él no existe". Muy poca gente, tanto cristianos como no cristianos, tiene un concepto claro de quién es Satanás, y su lugar en el mundo. Nosotros sucumbimos en nuestro razonamiento humano creyendo que nuestro enemigo son las personas que nos rodean, y de acuerdo a esto, así actuamos. Mientras tanto, el verdadero enemigo Satanás desata su destrucción y ruina sobre nuestros matrimonios y relaciones, nuestras familias e iglesias, nuestras comunidades y naciones.

El pastor William Gurnall en su libro: "El cristiano en su completa armadura" (Vol. 1) ilustra nuestro punto de esta manera:

> Use toda su ira, su rabia e indignación en contra de Satanás que es su principal enemigo. Los seres humanos sólo son sus muñecos; los cuales pueden llegar a ser ganados para el Señor y ser sus amigos algún día. Ansel explica esto de la siguiente manera: "Cuando Satanás, el enemigo, viene cabalgando en batalla, el soldado valiente no está enojado en contra del caballo, sino que lo está con quien está sobre el caballo. El soldado intenta matar al que monta el caballo así luego puede apropiarse de él y usarlo para su propio provecho. Esto debemos hacer con aquellos que aún no conocen al Señor. No desatemos nuestra ira en contra de ellos, sino contra Satanás quien es el que los maneja y los inicia en la maldad. Oremos fervientemente que el diablo sea desmontado y que estas almas perdidas sean liberadas de él. *Gurnall pp 140,141*

Satanás era un ser bueno hasta el momento en que quiso exaltarse él mismo por encima de Dios. Su hermosura lo llenó de orgullo; lo cual lo llevó a perder su santidad; quería recibir la alabanza que sólo le pertenecía a Dios. Al no reconocer Satanás la autoridad de Dios, quien lo había creado, fue arrojado del cielo como está escrito en el siguiente pasaje:

¡Cómo caíste del cielo, oh Lucero, hijo de la mañana! Cortado fuiste por tierra, tú que debilitabas a las naciones. Tú que decías en tu corazón: Subiré al cielo; en lo alto, junto a las estrellas de Dios, levantaré mi trono, y en el monte del testimonio me sentaré, a los lados del norte; sobre las alturas de las nubes subiré, y seré semejante al Altísimo. *Isaías 14:12-14*

Tú, querubín grande, protector, yo te puse en el santo monte de Dios, allí estuviste; en medio de las piedras de fuego te paseabas. Perfecto eras en todos tus caminos desde el día que fuiste creado, hasta que se halló en ti maldad. A causa de la multitud de tus contrataciones fuiste lleno de iniquidad, y pecaste; por lo que yo te eché del monte de Dios, y te arrojé de entre las piedras del fuego, oh querubín protector. *Ezequiel 28:14-16*

La próxima instancia en que vemos a Satanás, luego de haber perdido su residencia y su lugar en el cielo, es en el Jardín del Edén, donde engañó a Adán y Eva *(Génesis 3:1-13)* haciendo que se rebelen en contra de su Creador, marcando la línea de batalla entre los dos reinos: el reino de la Luz y el reino de las tinieblas.

Examinemos algunos de los nombres de Satanás que encontramos en las Sagradas Escrituras, así usted puede llegar a entender mejor el carácter de su enemigo. Muchos de estos nombres no sólo revelan la naturaleza y forma de ser de su enemigo, sino que también sacan a luz las tácticas de guerra que usa en contra del Cuerpo de Cristo.

- **diablo** *Mateo 4:1,5,8,11; 1 Juan 3:8,10; Judas 9; Apocalipsis 12:9,12; 20:2.*

- **padre de mentiras** *Juan 8:44.*
- **dios de este siglo** (mundo) *2 Corintios 4:4.*
- **infiel o incrédulo** *2 Corintios 6:15.*
- **ángel del abismo, jefe de las langostas.** (destructor) *Apocalipsis 9:11.*
- **angel de luz** *2 Corintios 11:14.*
- **lucero, hijo de la mañana** *Isaías 14:12.*
- **enemigo o vengador** *Salmo 8:2.*
- **mal** (maligno) *Mateo 6:13; Juan 17:15.*
- **adversario** *1 Pedro 5:8*
- **beelzebú, príncipe de los demonios** *Mateo 12:24.*
- **asolador** (destructor) *Job 15:21; 1 Tesalonicenses 5:3.*
- **acusador** *Apocalipsis 12:10.*
- **tentador** *Génesis 3:1; Mateo 4:3; 1 Tesalonicenses 3:5*
- **dragón** *Apocalipsis 12:7-13; 20:2.*
- serpiente *Génesis 3:1-4, 13; Apocalipsis 12:9; 20:2.*
- engañador *Génesis 3:13; 2 Tesalonicenses 2:3.*

¿Cuáles son sus tácticas?

Convencer al mundo que él no existe.

Echarle la culpa de lo que sucede al hombre o a las circunstancias, en lugar de a él.

Reclamar ser dueño de los principados (Cristo se refirió a él como el príncipe de este mundo).

Usar su gobierno que está limitado a:

– Este tiempo, no el porvenir.

– Al mundo, no a el cielo.

– Las personas en tinieblas, no los hijos de Luz.

Perpetuar pecados espirituales, lo cual es sutil.

Pelear no por cosas triviales, sino por el mismo cielo.

¿Cómo pelea realmente?

Como ya lo hemos dicho, Satanás usa su mente atancándolo y juzgándolo; luego mantiene su posición vigilándolo.

Hace nacer la duda con sugerencias como: "Tú no eres cristiano, mira lo que hiciste ayer". "Tú realmente no eres salvo", o "Tú no puedes decir cuál es el día exacto en que aceptaste a Jesús". "No te das cuenta que tienes un pasado".

El crea temor: "Este tiempo en que vives no tiene salida". "¿Y qué si tienes cáncer?"

El le roba financieramente: problemas con el auto, se rompe el aparato de calefacción, se descompone el aire acondicionado, pierde el trabajo, etc.

Satanás también usa su temor al hombre. "Todos se reirán de ti si hablas de Jesús". "Que va a pensar la gente..." cuando uno se transforma en una persona que agrada a Dios y no al hombre, una de las batallas más grandes ha sido ganada.

¿Cuál es su estrategia?

Primero, reconozca que para pelear en contra de Satanás debe hacerlo en el mundo espiritual. Las cosas espirituales se disciernen espiritualmente, no trate de entenderlas con el razonamiento humano. Usted no está peleando contra carne ni sangre, sino con los poderes de las tinieblas.

Esté alerta cuando se produzcan repetidas veces los mismos ataques como por ejemplo: accidentes, enfermedades que traen muerte. Pero *no tema*, usted tiene toda la autoridad y poder en el Nombre de Jesús (ver el Capítulo Armas de Guerra Espiritual).

Usted se preguntará: "Si Jesús ganó la victoria ¿por qué estamos peleando?" Consideremos lo que sucedió al final de la segunda Guerra Mundial. Aunque la victoria fue ganada cuando Hitler fue derrotado, las tropas aún habitaban las diferentes naciones. Es lo mismo con usted; usted debe mantener la victoria que fue ganada en el Calvario por medio de la Sangre de Jesús.

Reconocer el lugar de batalla

Las Sagradas Escrituras nos enseñan que el hombre es un ser tripartito; creado con espíritu, alma y cuerpo.

Y el mismo Dios de paz os santifique por completo y todo vuestro ser, espíritu, alma y cuerpo, sea guardado irreprensible para la venida de nuestro Señor Jesucristo. *1 Tesalonicenses 5:23*

El área del alma es la que abarca el intelecto, las emociones y la voluntad; y es en la mente donde encontramos el lugar de batalla más común, pues es allí donde tomamos nuestras decisiones. Estas decisiones, que involucran la voluntad, determinan no sólo el curso de nuestra vida diaria, sino el destino eterno de nuestra vida.

A medida que la Palabra de Dios se haga viva en su vida, y usted actúe sobre ella obedeciéndola, la Palabra cambiará su corazón; su corazón cambiará su mente, y su mente cambiará sus acciones, tanto para su bien como para la Gloria de Dios. El creyente, por medio de Jesucristo, tiene la oportunidad de recibir revelaciones y entendimiento acerca de los misterios espirituales, mientras tanto el incrédulo está cegado para percibir las cosas del mundo espiritual (Compare *Efesios 1:17-21 y 4:17-18*).

Las Sagradas Escrituras nos enseñan claramente que Dios ha vencido a Satanás, despojándolo de todo poder, y ha puesto todas las cosas debajo de los pies de Cristo *(Efesios 1:19-22)*. El principal punto de ataque del diablo en contra de su vida, es su mente, él trata de influenciarlo para dudar de la fidelidad de Dios y Su Palabra, como lo hizo al tentar a Eva en el Jardín del Edén y a Jesús en el desierto.

La mente tiene tres voces a las cuales puede responder: la voz de Dios, la voz del enemigo, y la suya propia. Cuanto más familiarizado esté con la Palabra de Dios, más fácil se le hará reconocer la voz de Dios porque el Espíritu Santo, habla lo que es conforme al carácter de Dios, el cual es revelado en Su Palabra. La voz del Espíritu Santo le hablará y transmitirá aliento, consuelo, dirección, revelación, la certeza del amor de Dios hacia su vida, y aun convicción y corrección.

Por el contrario, el enemigo generalmente habla para traer pensamientos de duda, culpa, temor, celos, odio, condenación hacia nosotros mismos y justicia propia. Su propia voz es aquella que está fundamentada, generalmente, en su razonamiento lógico y humano o en sus propios deseos y voluntad.

Usted debe tomar autoridad sobre las voces del enemigo y prohibirle que le hable ... "someteos, pues, a Dios; resistid al diablo, y de vosotros huirá" *(Santiago 4:7)*. Ate la voz de sus propios deseos y de su razonamiento humano, luego abra su mente y su espíritu a recibir la voz del Espíritu Santo. A veces la guía que Él le da para orar no parece lógica al razonamiento humano, pero no permita que esto se transforme en un obstáculo que detenga o frene su obediencia y efectividad en la oración.

Las cosas espirituales no deben ser interpretadas o entendidas por medio del razonamiento humano, sino que deben ser discernidas espiritualmente. Afirme la verdad de la enseñanza del Apóstol Pablo cuando dijo: "Nosotros tenemos la mente de Cristo" *(1 Corintios 2:14-16)*.

Reconozca que su lucha no es contra carne ni sangre, sino contra poderes de las tinieblas y los gobernadores de Satanás de este siglo. El mundo se ha transformado en el campo de batalla entre la humanidad y las fuerzas satánicas. Esto quiere decir que usted no está peleando con las personas que le rodean o con la gente con quien se encuentra a diario.

Pero puede ser que el diablo le quiera incomodar trayendo pelea y disensión en la vida de las personas que están a su alrededor, con el único propósito y motivo de frenarlo a usted a orar e impedirle que interceda. Recuerde siempre que la lucha no es contra las circunstancias negativas que lo rodean, sino que la verdadera guerra se lleva a cabo en el mundo espiritual.

Satanás envía ataques en contra de su vida, tanto a su espíritu como a su alma y su cuerpo, pues si él logra oprimirlo, impedirá su crecimiento espiritual y su efectividad como intercesor. Tener autoridad sobre el enemigo y tomar correctas decisiones, las cuales estén basadas en la Palabra de Dios, traerán victoria y harán que su vida espiritual crezca. El fracasar en las decisiones que toma, abre la puerta al diablo y le da lugar a la enfermedad física como problema emocional y, por sobre todo, impide y detiene el desarrollo y crecimiento de nuestra vida espiritual.

Estrategia de guerra

La tarea y el deber de todo intercesor es pelear y combatir al enemigo en el mundo espiritual (que en realidad es lo opuesto al mundo natural), utilizando armas espirituales, no carnales. En el proceso, todo intercesor debe determinar qué estrategia utilizará para la guerra, la cual es dada por medio de la guía y revelación del Espíritu Santo. Tener discernimiento es un elemento clave en determinar su estrategia y una cualidad fundamental e indispensable que los líderes e intercesores deben poseer. Discernir significa: "distinguir o separar". Dios le dijo a su profeta Jeremías: "... y si entresacares lo precioso de lo vil; serás como mi boca" (*Jeremías 15:19*).

A medida que se acerca el regreso del Mesías la actividad en los lugares celestiales se intensifica; los intercesores parecen declarar a una voz "El conflicto es real y se han definido los frentes de batalla". A medida que la guerra espiritual se intensifica, especialmente en el área de la mente, la vida de oración del intercesor no puede vacilar ni titubear.

Satanás no pelea una batalla justa. Si él logra que usted no ore entonces podrá asaltarlo con dudas, desaliento y temor al ver las circunstancias imposibles que lo rodean. El engañador tratará de hacerle creer que usted está siendo objetivo al detenerse a mirar la situación. Pero en realidad la meta que tiene es desviarlo con una actitud pasiva o sin esperanza.

¡Usted necesita conocer a su enemigo! El general Douglas McArthur al enunciar importantes requisitos para obtener la victoria militar dijo lo siguiente:

Voluntad para ganar - una causa por la cual morir.

- Fuerza - entrenamiento adecuado y personal bien equipado.
- Buena fuente de abastecimiento - las líneas por donde corre la vida deben mantenerse abiertas.
- Conocimiento del enemigo - "Cuanto más conozca a su enemigo más grande será la victoria".

Lo mismo es necesario para mantener nuestra victoria. Jesús ganó la victoria. Este lugar debe ocuparlo hasta que El venga.

Miremos la vida de Nehemías y observemos como él venció la batalla de la mente.

El Señor puso en el corazón de Nehemías reedificar los muros que rodeaban Jerusalén. Luego de haber orado y ayunado por esta situación, Dios le dio favor ante el rey. Este le dio permiso para volver a su tierra para reedificar los muros de la ciudad.

¿Cómo peleó Satanás en contra de esto? Desató una batalla en la mente de Nehemías. Primero, atacó su reputación tratando de burlarse de sus esfuerzos diciendo:

"Lo que ellos edifican del muro de piedra, si subiere una zorra lo derribará" *(Nehemías 4:3).*

Cuando la burla y el desaliento fallaron en detener a Nehemías lo próximo que intentó el enemigo fue intimidación y temor. Nehemías sabía que el enemigo estaba tratando de hacerlo sentir desamparado y con miedo.

Luego el enemigo (usando a dos hombres) envió a decirle: "Ven y reunámonos en una de las aldeas en el campo de Ono" *(Nehemías 6:2).*

Con esto reconocemos un principio de guerra: "Nunca debemos negociar con el enemigo". Este mensaje amenazador fue enviado a él *cinco* veces, pero Nehemías se rehusó a negociar en el territorio del enemigo.

Este guerrero edificador también resistió el consejo de un falso profeta quien intentó hacer huir a Nehemías para que se escondiera del enemigo. El oró de acuerdo a la voluntad de Dios y sin temor actuó para cumplir la comisión que Dios le había encomendado.

Satanás aún trata de engañarlo en el área de su mente como intentó hacerlo con Nehemías. No se menciona ninguna guerra en este pasaje, excepto la guerra que fue hecha en la mente. Usted es derrotado en el momento en que baja al nivel del enemigo.

Satanás y sus gobernadores de las tinieblas dan órdenes específicas a los ángeles caídos (los demonios) de su ejército. Ellos buscarán la oportunidad de manipular a la gente y las circunstancias con el propósito de lograr lo planeado. No obstante, nosotros como creyentes podemos impedir su victoria pues tenemos la autoridad y el poder de destruir sus ataques, maldiciones, ligaduras, y aún más, podemos hacer que se vuelvan esas maldiciones a los ejércitos de Satanás, causando hasta una mayor destrucción sobre ellos que la que el diablo intentaba o había planeado para el Cuerpo de Cristo (Ver *Hechos 13:6-12).*

El estudio de la Palabra de Dios demuestra que Satanás ha delegado gobernadores celestiales para que estén a cargo de países y regiones geográficas. Lea en el libro de Ezequiel el capítulo 28, y en el libro de Daniel los capítulos 9 y 10 y verá un ejemplo de cómo las fortalezas operan sobre regiones geográficas. Recuerde que la guerra espiritual se lleva a cabo en los lugares celestiales (en los cielos), pero los resultados de esta guerra son vistos en la tierra y en las personas.

La historia cuenta acerca de un evangelista en Latinoamérica que estaba entregando tratados y testificando acerca del Señor Jesús en las calles de una ciudad donde, por el centro de la misma, había sido trazado el límite de dos países. El evangelista recibió gran oposición y resistencia de parte de la gente con la cual deseaba compartir el evangelio; ellos tiraban los tratados al piso y se rehusaban a escuchar su mensaje.

Frustrado por lo sucedido, el evangelista se cruzó a la vereda de enfrente, la cual ya pertenecía al otro país y estaba bajo otro gobierno. De pronto, se dio cuenta que la actitud y la respuesta de la gente en este lado de la calle, era totalmente distinta; el idioma y la apariencia de las personas eran iguales al primer grupo con el que había estado, con la diferencia de que estas personas recibían y aceptaban los tratados bíblicos muy alegremente y con mucha atención escuchaban el mensaje de salvación.

Después de un tiempo, el evangelista se enteró que un grupo de cristianos del segundo país que visitó, había estado ligando y atando las fuerzas de las tinieblas en esa área y había estado orando para que el evangelio fuese predicado. Gracias a esta guerra espiritual hecha por los cristianos, el trabajo que el evangelista realizó fue fructífero. Pero aparentemente, nadie estaba peleando o batallando a favor del primer país que visitó, lo cual produjo una gran opresión y oposición a la predicación del evangelio.

En la experiencia de Daniel, "El príncipe del reino de Persia" detuvo al ángel que Dios había enviado con la respuesta a las oraciones del profeta, *(Daniel 10:12-13)*. Cuando Daniel oró, sus oraciones trajeron refuerzos adicionales al conflicto espiritual y el príncipe de Persia fue vencido. Daniel, por medio del ayuno y de sus perseverantes oraciones, influenció a todo el pueblo de Israel.

Ruéguele al Señor que le dé discernimiento y revelación cuando esté orando por sus líderes y por las distintas áreas en que ellos ministran. Cuando ore por aquellos líderes que están trabajando con gente musulmana o en áreas de cultos satánicos, usted estará peleando con espíritus anticrísticos. Donde se encuentra el ocultismo, estará peleando con espíritus de engaño, mentira, espíritus controladores y de seducción *(1 Juan 2:18)*.

Cuando ore por un área donde se encuentran localizadas muchas iglesias, en las cuales hay conflictos y problemas entre los líderes y sus miembros, puede ser que el Espíritu Santo le revele que el espíritu que se mueve y gobierna esa área es un espíritu religioso junto con el de pelea, contienda, pleito y justicia propia. El tener la capacidad de discernir los espíritus que están controlando una situación, hará que su intercesión sea más específica y efectiva.

Esté alerta y preste atención cuando ciertos ataques del enemigo comiencen a repetirse vez tras vez; como por ejemplo, hemos visto en un lapso de tiempo un gran ataque en contra de los matrimonios de los líderes espirituales; luego, una denominación particular perdió un gran grupo de misioneros a causa del cáncer. También hubo un período cuando ocurrieron serios accidentes causando heridas graves y en algunos casos, la muerte de la vida de ministros y misioneros o la de sus familiares. Los intercesores deberían ser como "vigilantes o guardianes sobre los muros" para ayudar a pelear y vencer los ataques por medio de la guerra espiritual, dando apoyo a través de las oraciones a aquellos que están en el frente de batalla.

Vestirse con su armadura Espiritual

Al ser parte de la guerra espiritual, sería sabio que usted esté instruído y familiarizado con la armadura de Dios, la cual le otorga protección y le permitire resistir los ataques del Diablo en los días malos.

Por lo demás, hermanos míos, fortaleceos en el Señor, y en el poder de su fuerza. Vestíos de toda la armadura de Dios, para que podáis estar firmes contra las asechanzas del diablo. Porque no tenemos lucha contra sangre y carne, sino contra principipados, contra potestades, contra los gobernadores de las tinieblas de este siglo, contra huestes espirituales de maldad en las regiones celestes. Por tanto, tomad toda la armadura de Dios, para que podáis resistir en el día malo, y habiendo acabado todo, estar firmes. Estad, pues, *firmes, ceñidos vuestros lomos con la verdad, y vestidos con la coraza de justicia, y calzados los pies con el apresto del evangelio de la paz.* Sobre todo tomad *el escudo de la fe,* con que podáis apagar todos los dardos de fuego del maligno. Y tomad el *yelmo de la salvación y la espada del espíritu,* que es la palabra de Dios; orando en todo tiempo con toda oración y súplica en el Espíritu, y velando en ello con toda perseverancia y súplica por todos los santos. *Efesios 6:10-18*

La armadura, de la cual hace referencia el capítulo seis de Efesios, es una comparación con la armadura que utilizaban los soldados romanos. En aquella época, una de las quejas más comunes de parte de los soldados, era que la armadura era muy pesada. Al no practicar el correcto ejercicio con la disciplina apropiada, la armadura se les hacía muy pesada y, por consiguiente, el soldado se la quitaba y la dejaba de lado, transformándose en un soldado indisciplinado y, por sobre todo, quedaba sin protección para la batalla en contra del enemigo.

En el mundo espiritual, su armadura cumple la misma función que la que cumplía para los soldados en la época del Imperio Romano. Usted es llamado diariamente a caminar con el Señor. Debe ser una persona disciplinada, no sólo ponerse la armadura de Dios, sino también saber manejar su espada y las armas que posee en contra de los ataques de las fuerzas del mal. Su armadura ha sido diseñada para defenderlo de los planes de asalto que el diablo tiene en contra de su vida, y también para protegerlo de sus ataques. La espada del Espíritu, que es la Palabra de Dios, es un arma ofensiva para atacar, subyugar y destruir las maquinaciones de los poderes de las tinieblas. La falta de disciplina y ejercicio espiritual, abrirán la puerta al ataque del enemigo en contra de su vida. Por lo tanto, sea un soldado aplicado en el ejército de Dios, esté siempre vestido con su armadura y listo para la batalla.

Sería bueno que recuerde que el soldado romano estaba al servicio de sus comandantes todo el tiempo. Pablo hace referencia a lo mencionado en sus escritos a Timoteo:

Ninguno que milita se enreda en los negocios de la vida, a fin de agradar a aquel que lo tomó por soldado.
2 Timoteo 2:4

Este versículo simboliza la lealtad cristiana a Cristo Jesús, nuestro Comandante en Jefe; viviendo una vida leal y de sumisión a Él.

Romanos 13:12-13 dice : "...desechemos, pues, las obras de las tinieblas y vistámonos las armas de la luz...vestíos del Señor Jesucristo." Su armadura espiritual es, en realidad, el Señor Jesucristo. Él desea ser Su defensa, Su protección vistiéndolo en Él. Usted camina en completa seguridad, cuando diariamente se viste y camina con el Señor Jesucristo. No es una armadura convencional, por esto, ¡nunca debería ser quitada!

Por qué necesita vestirse diariamente con su armadura

* Le ayuda a estar firme en contra de las asechanzas del enemigo.
* Lo mantiene fortalecido en el Señor y en el poder de Sus fuerzas.
* Lo capacita para que pueda resistir los ataques del enemigo en el día malo.
* Le asegura protección y seguridad.
* Resiste al enemigo.
* Lleva a cabo la voluntad de Dios.

En las próximas páginas encontrará un cuadro que representa cada parte de la armadura de Dios, comenzando con Estar Firmes, y terminando con la Armadura completa de Dios. Encontrará cada Area de Protección, incluyendo la Definición y la Aplicación, la Afirmación y la Declaración. Cuando sea atacado por el enemigo busque la parte de la armadura que es apropiada para ese momento. Lea las Escrituras dadas y repita la declaración.

Area de Protección: Estando firmes

Definición: Estar firmes quiere decir: Resistir sin ceder o aflojar; mantener una posición, persistir, soportar o resistir; permanecer derecho, en pie; enfrentarse cara a cara.

Aplicación: Como heredero e hijo de Dios, usted debe mantenerse y estar firme en el lugar que ya le pertenece, el cual le fue otorgado por medio de la muerte de Cristo Jesús.

De ninguna manera se rinda o entregue al enemigo, cuando éste se levante en su contra.

Someta su ida a Dios y *esté firme*, resista al diablo y él huirá. Jesús no usó la Palabra de Dios para atacar al diablo; Él la utilizó para mantener la victoria que ya había obtenido.

Afirmación: 2 Crónicas 20: 15,17; Josué1:9; 1Corintios 16:13; Efesios 6: 11-14; Filipenses 4:1; 1 Tesalonicenses 3: 6-8; 2 Tesalonicenses 2: 1-5.

Mi declaración: Habiendo acabado todo, voy a *estar firme.* No voy a dar lugar a los planes y a las maquinaciones del diablo, sino que me mantendré *firme* en la Palabra de Dios.

Me mantendré *firme* y en fe, sobre la roca sólida que es Jesús. Señor, Tú eres mi fundamento, no seré movido por el rugir del enemigo o por las circunstancias negativas a mi alrededor. Voy a *estar firme,* voy a ser valiente y fuerte, porque Contigo a mi lado, ¿quién me podrá hacer frente? Delante de Tu presencia, como sacerdote, bendeciré Tu Santo Nombre y te serviré en obediencia.

Permaneceré *firme* en la victoria que Tú ya has ganado, porque no es mía la batalla, sino Tuya. De esta forma yo soy más que vencedor en Cristo Jesús.

Area de Protección: El cinturón de la verdad

Definición: Los lomos representan fuerza, poder, vigor y madurez. Protege los órganos reproductores, el aparato digestivo y los intestinos. Dotaba al soldado de lomos fuertes. El ceñir los lomos para la batalla era un símbolo de fuerza y demostraba la habilidad superior de un soldado. El tener la cintura ceñida, permitía mantener en el lugar correcto cada parte de la armadura, sostenía la espada, dinero y cosas valiosas. *El ceñirnos* quiere decir: estar preparados para la acción.

Aplicación: La persona cuya mente está *ceñida* con la verdad de la Palabra de Dios, será una persona fuerte, vigorosa, con madurez espiritual y utilizará las Escrituras de tal manera que éstas traigan Gloria a Dios. El que usted dude o que sea indeciso, lo hace inestable en todos sus caminos. *Verdad,* son las enseñanzas presentadas en la Palabra de Dios; personificadas en Jesucristo y reveladas a nosotros por medio del Espíritu Santo. Nos *ceñimos de la verdad* cuando aceptamos la revelación de Dios y Su comunión en nuestra vida.

Afirmación: Exodo 12:11; Deuteronomio 33:11; Salmos 51:6; 69:23 Lucas 12:35; Juan 14:6; 1 Corintios 2:16; Efeso 4:15; 6:14; 2 Tesalonicenses 2:13; 2 Timoteo 2:15; Santiago 1:18; 4:8; 1 Pedro 1:13.

Mi declaración: Jesús, Tú eres mi verdad. Tú me has hecho conocer la verdad en lo más profundo de mi ser. Estoy preparado para los tiempos de prueba porque Tú me has vestido de Tu verdad.

Rodeo y cerco mi mente con Tu verdad y así estaré listo para la acción. Resisto toda duda e indecisión y declaro que yo tengo la mente de Cristo.

Conoceré la verdad y la verdad me hará libre. Hoy hablaré la verdad en amor. Usaré la Palabra de Dios en una forma fructífera; plantaré semillas de verdad en la vida de otras personas para que Tú, Señor, seas formado en ellas.

Gracias, Jesús, por elegirme desde la fundación del mundo para ser salvo por la santificación a través del Espíritu Santo y de la fe en Tu verdad.

Area de Protección: Coraza de justicia

Definición: Cubriendo los órganos vitales, la coraza sobrepasaba el cinturón que ceñía los lomos, acrecentando la protección sobre ellos. Protegiendo estos órganos vitales, la coraza hacía que el soldado no sintiera temor sino valentía al enfrentar al enemigo.

Aplicación: *Justicia:* rectitud u honradez delante de Dios. Es impartida al creyente por medio de Cristo. Esta coraza de justicia protege y resguarda el alma y la conciencia del cristiano (las cuales son los órganos vitales del ser espiritual). De este modo el cristiano se siente lleno de valor, sabiendo que está protegido por medio de la justicia de Cristo y que puede enfrentar al enemigo sin temor.

Afirmación: Proverbios 28:1; Isaías 59:16-17; Romanos 3:22,25,26; Romanos 5:17-19; 2 Corintios 5:21; Efesios 6:14; 1 Tesalonicenses 5:8; 1 Juan 1:7,9.

Mi declaración: Jesús, Tú eres mi justicia. En Ti vivo, en Ti me muevo y en Ti soy. Ayúdame a ser conforme a Tu carácter y a cumplir Tu perfecta voluntad en mi vida.

Por fe, yo me visto de Tu *justicia;* te ruego que protejas mi corazón; haz que mi caminar sea un caminar limpio y puro delante de Ti.

Ayúdame a hacer aquello que es correcto y justo delante de Ti, de modo que tenga una conciencia limpia y no tenga temor a las asechanzas del diablo. Gracias porque me das el valor de enfrentar al enemigo sin temor.

Gracias por limpiarme de mis pecados y por restaurar mi comunión Contigo, al ser Tú, el Sacrificio Perfecto por mis pecados.

Area de Protección: Calzados los pies con el evangelio de la paz

Definición: La frase "calzados los pies con el evangelio de la paz" quiere decir: "estar listos o vestidos de disponibilidad y prontitud; estar preparados". Esto era de vital importancia cuando un soldado tenía que invadir, huir o aun pelear en una batalla frente a frente con el enemigo. Sus zapatos tenían listones de metal que afianzaban su combate.

Aplicación: *Los pies* representan su caminar con el Señor. El "caminar" es el testimonio en su forma de hablar, en su manera de conducirse y sus actitudes. *Calzar:* "unir, ajustar, atar, amarrar, asegurar". Estar listo para marchar y recibir órdenes. Los zapatos eran quitados al entrar en un hogar, y eran puestos nuevamente al partir. *El evangelio:* representa las buenas nuevas de que Cristo Jesús fue crucificado por nuestros pecados, resucitó de la muerte y ha vencido y derrotado a Satanás. *Paz:* es la libertad (estar libre de contiendas), es sentir una paz interior a pesar de que el enemigo esté a nuestro alrededor. Es un caminar con el Señor fundamentado en la reconciliación.

Afirmación: Exodo 12:11; 1 Samuel 2:9; Salmo 18:33; Salmo 66:8,9; Isaías 26:3; Romanos 1:16; Efesios 6:15; Colosenses 1:20; 1 Tesalonicenses 5:23.

Mi declaración: Jesús, Tú eres mi *paz;* has traído a mi vida plenitud y armonía con el Padre Celestial. Haz que Tu *paz* santifique todo mi ser: espíritu, alma y cuerpo.

Yo *calzo mis pies con tu evangelio y con tu paz.* Hoy deseo caminar en Tu quietud y tranquilidad. Gracias por cuidar mis pies de resbalar y por guiar mi camino. Haz que mis *pies* no sean movidos del Evangelio, pues yo no me avergüenzo de las buenas nuevas. Tu evangelio es el poder de Dios para salvación a todo aquel que cree.

Al estar mis *pies* seguros en Tu *paz,* estoy listo para ir en cualquier dirección que Tu Espíritu me dirija. Manténme siempre listo, preparado, de modo que yo pueda pisar el terreno del enemigo valientemente, y así traer libertad de la esclavitud a los cautivos de Satanás.

Area de Protección: El escudo de la fe

Definición: El escudo, que era un arma de defensa, generalmente era cargado en el brazo izquierdo. Era utilizado para proteger el cuerpo completo del soldado. La superficie se mantenía brillosa y lustrada con aceite, con el propósito de que los dardos y tiros del enemigo se resbalaran y deslizaran por el escudo, haciendo que a la vez éste reflejara los rayos del sol para encandilar al enemigo.

Aplicación: El escudo representa seguridad y protección. Nuestro *Escudo de la fe* junto al resto de la armadura, sirve para apagar los dardos de duda, de temor, de incredulidad y también para cegar al enemigo. La mente y la voluntad son las que controlan los movimientos del escudo.

Fe es aceptar, apropiarnos y creer simplemente lo que Dios nos ha prometido. Fe requiere una confianza total en Cristo Jesús en todas las cosas.

Afirmación: Proverbios 30:5; Jeremías 1:12 2; Corintios 5:7; Gálatas 2:20; Efesios 6:16; Colosenses 1:10,11; Hebreos 10:22, 11:1; Santiago 1:6;4:7; 1 Pedro 1:5;5:9; 1 Juan 5:10.

Mi declaración: Señor Jesús, Tú eres el *Escudo de mi fe*. Mi naturaleza humana ha sido crucificada Contigo, y la vida que vivo ahora, la vivo por medio de la fe en Ti.

Gracias por ser un escudo para mí. Pongo mi confianza en Ti, eligiendo hoy caminar por fe y no por lo que veo, o por lo que las circunstancias a mi alrededor muestran. Hablaré palabras de FE y oraré en FE, sin dudar.

Tu Palabra es Poder. Gracias Padre que Tú cuidas de que Tu Palabra se cumpla. Como lo has escrito en Tu Palabra: "me proteges del enemigo". El diablo huye de mí con terror porque yo me acerco a Ti y lo resisto en el Nombre de Jesús, levantando el *Escudo de la fe* el cual está ungido con el aceite de Tu Espíritu Santo.

Area de Protección: El yelmo de salvación

Aplicación: El yelmo (o casco) era la pieza de la armadura que el soldado usaba para proteger su cabeza. Esta, la mayoría de las veces, llevaba grabada la insignia o logo que identificaba el ejército al cual el soldado pertenecía.

Aplicación: *el yelmo,* la esperanza de *salvación,* guarda su mente de los dardos del enemigo. Su mente es la que dirige el uso y movimiento de su escudo, de su espada y todos los movimientos de su cuerpo; por esta razón, debe ser protegido para llegar a ser un soldado eficaz. Su mente es el campo de batalla donde se enfrenta su ser carnal y su ser espiritual. Aquel soldado que es disciplinado, no va a ceder o dar lugar a la carne, sino que será fuerte de espíritu.

Afirmación: Salmo 140:7; Isaías 51:6; 59:16,17; Romanos 8:6, 12:2; 2 Corintios 2:16; 10:5; Efesios 4:23; 6:17; Colosenses 3:2; 1 Tesalonicenses 5:8; Tito 1:2; 3:7; Hebreos 5:9; 1 Pedro 1:13.

Mi declaración: Jesús, Tú eres mi s*alvación.* Tú has protegido mi cabeza en el día de la batalla; Tú eres mi fortaleza, mi cántico y has sido mi *salvación.*
Pongo mi confianza y esperanza en Ti. *El yelmo* de esperanza será un *yelmo* de liberación sobre mí. Tú has liberado mi mente de los dardos del enemigo. Has roto las ligaduras ocultas que ataban mi mente y mi espíritu.
Hoy, yo renovaré mi mente por medio de la Palabra de Dios; me rehuso a entretenerme con pensamientos de duda y de incredulidad que el diablo pudiera traer a mi vida. Yo llevo todo pensamiento cautivo a la obediencia de Cristo. Meditaré en los pensamientos que traen (que son) vida y paz. Toda alabanza sea a Ti, El Dios de mi *salvación.*

Area de Protección: La espada del Espíritu

Definición: La espada era un arma tanto defensiva como ofensiva. Defendía de los ataques del enemigo y era usada a la misma vez, para herir y matar al enemigo o adversario. Era manejada (esgrimida) con el brazo derecho; representaba poder y autoridad.

Apliciación: *La espada del espíritu* es La Palabra de Dios vivificada (hecha viva) en nuestra vida por medio del Espíritu Santo. El manejo de la espada es sólo eficaz y poderoso para obrar cuando todo el resto de la armadura está en su lugar correcto. Su Palabra proviene y es hablada de su boca. La Palabra de Dios al ser vivificada por el Espíritu Santo, se transforma en Su poder y autoridad. Ella va a juzgar los pensamientos y las intenciones de su corazón, y las del corazón a quién se le habló.

Afirmación:1Samuel 17:54; Salmos 149:6; Jeremías 15:16; Lucas 21: 15; Juan 1:1,14; 1 Corintios 1:30; Efesios 6:17; Hebreos 1:3; 4:12.

Mi declaración: Señor Jesús, Tú eres La Palabra viva. Yo camino hacia delante con alabanzas en mi boca y la espada de doble filo en mi mano. Confesaré hoy Tu Palabra delante de los hombres, y Tú me confesarás delante del Padre en los cielos. Tus Palabras son verdad. Tu Palabra es la base, el fundamento y el cimiento; Tú eres el gozo y el regocijo de mi corazón porque he sido llamado por Tu nombre, dándome la autoridad de usar La Palabra como un arma. Hablaré Tu Palabra con Poder y es Ella la que habita en mí, y yo en Ella.
Tu Palabra es viva, eficaz, poderosa y más filosa que espada de doble filo, separando lo que es espiritual y divino, de lo que es carnal. Tu *palabra* es Tu sabiduría. El Espíritu Santo me dará en el tiempo de necesidad una *Palabra* en mi boca, la cual ninguno de mis enemigos u oponentes podrá resistir o refutar.
Gracias, Señor Jesús, por darme la bendición de tener Tu Palabra, mi *espada*.

Area de Protección: La completa armadura de Dios

Ataque:	Protección:
Mentiras acerca del carácter de Dios. Mentiras acerca de quién soy yo. Confusión respecto adónde me dirijo.	Cinturón de la verdad
Creerle a las acusaciones de Satanás. Sentirse condenado. Sentirse enorgullecido espiritualmente.	La coraza de Justicia
Atacado por persecución o mentiras. No estar obedeciendo la Palabra de Dios. Estar en un estado de pasividad espiritual. Fue golpeado por un misil de duda, temor, incredulidad, etc.	Calzados los pies con el apresto del evangelio de paz
Atacado con los pensamientos de duda, condenación, odio hacia otros. Estar actuando y reaccionando en la carne y no en el espíritu. No estar renovando su mente, o cual lo está dejando en tinieblas.	El yelmo de la Salvación
Estar escuchando voces en su mente que dicen: Esto, ¿en verdad me lo dijo Dios? Escuchar la Palabra de Dios distorsionada. Haber perdido del corazón la semilla de la Palabra de Dios. Estar escuchando doctrinas de demonios.	La espada del Espíritu

Caminando en triunfo

Con la armadura de Dios puesta en su lugar, sepa que sólo tiene triunfo por medio de Cristo Jesús.

Mas a Dios gracias, el cual nos lleva siempre en triunfo en Cristo Jesús, y por medio de nosotros manifiesta en todo lugar el olor de su conocimiento. Porque para Dios somos grato olor de Cristo en los que se salvan, y en los que se pierden. *2 Corintios 2:14-15*

De acuerdo a James M. Freeman (Manners and Customs of the Bible, p.460,461) una procesión militar de triunfo era uno de los eventos más espectaculares en los tiempos antiguos. Se le daba al conquistador que había alcanzado todas las cualidades de victoria que eran establecidas por el Senador Romano. Una de estas cualidades que debían alcanzar era que la victoria tenía que ser completa y decisiva, poniendo fin a la guerra. En esta clase de victoria ningún enemigo podía permanecer.

En el día escogido para la procesión de triunfo, el pueblo se amontonaba en las calles y en los edificios para poder tener una buena vista del conquistador a quien se le iba a rendir honor. Esta procesión se componía del conquistador, los miembros del senado, autoridades del estado, los principales ciudadanos y los prisioneros que habían sido capturados. El botín de guerra era exhibido para que todos lo puedieran ver.

El conquistador era llevado en un carruaje tirado por cuatro caballos, usaba una túnica bordada en oro y un collar de flores. En su mano derecha llevaba una corona de laureles que era símbolo de la corona de un conquistador; en su mano izquierda llevaba un cetro.

Era un día en que todos los templos paganos eran abiertos y decorados con flores de dulce aroma. Se encendía incienso en cada altar para saludar a la victoria con una gran nube de perfume.

El apóstol Pablo usa esta analogía al escribir acerca de la victoria del creyente al estar en Cristo Jesús. En *2 Corintios 2:14-15,* Pablo agradece a Dios que *SIEMPRE* nos lleva al triunfo. El conquistador es Cristo, nosotros somos el trofeo de Su victoria. Nuestra vida y nuestras oraciones esparcen un dulce aroma a Él en todos los lugares donde vamos.

Los siguientes versículos también se refieren a esta analogía:

Y despojando a los principados y a las potestades, los exhibió públicamente, triunfando sobre ellos en la cruz. *Colosenses 2:15*

Y cuando hubo tomado el libro, los cuatro seres vivientes y los veinticuatro ancianos se postraron delante del Cordero; todos tenían arpas, y copas de oro llenas de incienso, que son las oraciones de los santos. *Apocalipsis 5:8*

La intercesión es como un incienso delante del altar de Dios y las oraciones del justo pueden mucho. Es por medio de la intercesión que se gana la batalla sobre las fuerzas de las tinieblas. Constantemente debe llevar puesta la armadura de Dios para poder resistir y vencer durante la guerra.

Cuando el sello sea abierto en los cielos y suenen las trompetas, que sus oraciones lleguen a Él como un dulce aroma a incienso delante de Su trono. Que sea usted una fragancia de Cristo delante de Dios entre los que están siendo salvos y entre los que están pereciendo.

8

Armas de guerra
Espiritual

Pues aunque andamos en la carne, no militamos según la carne; porque las armas de nuestra milicia no son carnales, sino poderosas en Dios para la destrucción de fortalezas, derribando argumentos y toda altivez que se levanta contra el conocimiento de Dios, y llevando cautivo todo pensamiento a la obediencia a Cristo, y estando prontos para castigar toda desobediencia, cuando vuestra obediencia sea perfecta. *2 Corintios 10:3-6*

A medida que se acerque a Dios en favor de otros, habrá situaciones en las que tendrá que batallar en contra de los poderes de las tinieblas.

Es la voluntad de Dios que derribemos fortalezas en la vida de las personas y que las desatemos en aquellas áreas en las cuales ellas no pueden actuar libremente. Este es el propósito principal que tienen las armas espirituales que Dios nos ha dado. A medida que batallamos en la tierra, comienza la intervención del cielo.

El diagrama que encontramos a continuación, le ayudará a comprender visualmente el completo arsenal de armas espirituales que cada creyente tiene a su disposición. Los pilares que sostienen este arsenal son Fe y Obediencia y Orar en el Espíritu; son esenciales para un empleo o uso efectivo de las siete principales armas. Dios ha provisto todo lo necesario para tener éxito en la guerra espiritual; su parte es tener **voluntad** de usar las armas que Su Palabra garantiza que destruirán fortalezas.

"En la guerra espiritual encontramos cuatro clases de actitudes -ofensiva, defensiva, detenida, deserción... Satanás se lleva bien con aquellos cristianos que están a la defensiva, detenidos o listos para desertar. Por lo tanto, si estamos determinados a verlo derrotado en nuestro corazón y en nuestra sociedad, debemos estar sola y únicamente comprometidos con una actitud ofensiva".*

* Arthur Mathews, *Nacidos para la batalla*, CLC, Colombia 1982.

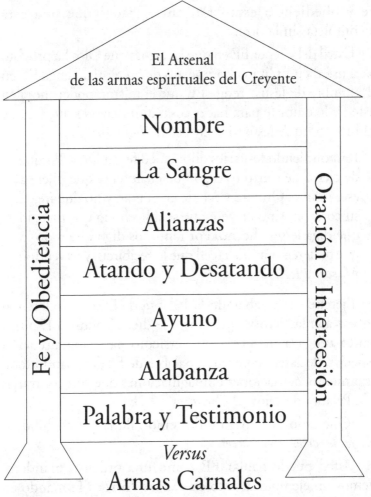

ARMAS DE GUERRA

El Arsenal
de las armas espirituales del Creyente

Nombre

La Sangre

Alianzas

Atando y Desatando

Ayuno

Alabanza

Palabra y Testimonio

Fe y Obediencia

Oración e Intercesión

Versus

Armas Carnales

Mente (Razonamiento humano)
Alma (Deseos Humanos)
Voluntad

Manipulación
Decepción
Control

Fe y obediencia: nuestro pilar de victoria

Estos dos factores van juntos y componen uno de los pilares que sostienen el arsenal de armas espirituales del creyente. Fe y obediencia están tan entrelazadas que una está incompleta sin la otra.

Usted debe tener FE en que las armas que Dios ha provisto para usted cumplirán el propósito de Su gloria. Tenga FE en el Nombre de Jesús. Tenga FE que el mismo poder mora en usted y lo embiste para hacer cosas aun mayores que las que Él hizo, porque Jesús vive en usted *(Juan 14:12)*.

Respondiendo Jesús, les dijo: tened fe, en Dios. Porque de cierto de cierto os digo que cualquiera que dijere a este monte: Quítate y échate en el mar, y no dudare en su corazón, sino creyere que será hecho lo que dice, lo que diga le será hecho. Por tanto, os digo que todo lo que pidiereis orando, creed que lo recibiréis, y os vendrá. *Marcos 11:22-24*

Ejercite su fe hablando la Palabra de Dios y declarando en voz alta la victoria que Cristo le dio. Cuando el Espíritu Santo traiga a memoria un versículo para una situación especial, declárelo como una palabra de fe, derribando todo argumento, acusaciones e imaginaciones que son contrarias a la Palabra de Dios *(2 Corintios 10:5)*.

¿Qué es lo que apaga todo temor, duda e incredulidad? *Fe, fe, fe, creer, creer, creer.*

Usted puede hablar FE como una orden o mandato. Vemos un ejemplo de esto en *Hechos 16:18*: "Te mando en el nombre de Jesucristo, que salgas de ella".

Nunca podríamos sobreenfatizar la importancia de la obediencia la cual también necesita estar acompañada por el compromiso. Como intercesor su trabajo siempre va a ser constante, con continuos desafíos frente a usted. Por momentos estará poniéndose en el lugar de la persona por la cual estará orando, sintiendo sus necesidades. Esta clase de oración intercesora nos insta a obedecer la voz del Espíritu y a tener un compromiso firme. Pero le daré una palabra de advertencia: No permita que la intercesión traiga preocupación o carga a su vida. Aprenda a responder en obediencia cuando el Espíritu le llama a orar, luego entréguele las peticiones de oración a su amoroso Padre Celestial.

Compromiso quiere decir: acto de encomendar o encargar, confiar deliberadamente. Por lo tanto su compromiso y determinación de resistir al enemigo y oponerse agresivamente, fortalecerá su guerra espiritual. El enemigo reconoce esta cualidad en usted. Alguien dijo una vez, que todo el infierno tiembla al ver a un santo de rodillas. Por esta razón el enemigo tratará de impedir que usted ore. Su obediencia y compromiso destruirán los planes que él tenga en contra de usted.

Como cristiano, usted fue consagrado y apartado a Dios para Su Santo propósito. A medida que usted se rinda y entregue más a Él, el mundo notará la diferencia.

Y ellos le han vencido por medio de la sangre del Cordero y de la palabra del testimonio de ellos, y menospreciaron sus vidas hasta la muerte. *Apocalipsis 12:11*

Ahora su vida está escondida con Cristo en Dios (*Colosenses 3:3*). Ya que El entregó Su *vida* por usted, usted debería entregar su *vida* por sus hermanos (*Juan 3:16*).

Palabra fiel es esta: Si somos muertos con él, también viviremos con él; si sufrimos, también reinaremos con él; si le negáremos, él también nos negará. Si fuéremos infieles, él permanece fiel; El no puede negarse a sí mismo. *2 Timoteo 2:11-13*

Orando en el Espíritu: el pilar de comunicación y poder

En este libro ya hemos compartido varios aspectos de la oración y su vital importancia. Orar en el Espíritu es lo básico para poner en acción la guerra espiritual y también forma parte del otro pilar que sostiene el arsenal de armas espirituales.

En esta sección trataremos en detalle el tema de orar en el Espíritu. Algunos cristianos hallarán este tema poco familiar, mientras que otros reconocerán su vital importancia en su vida de oración.

Orar en el espíritu no debe ser confundido con el don de lenguas. El don de lenguas es para ser usado junto con el don de interpretación. Estos dones combinados equivalen al don de profecía los cuales edifican a toda la iglesia.

...Pero el que profetiza, edifica a la iglesia. Así que, quisiera que todos vosotros hablaseis en lenguas, pero más que profetizaseis; porque mayor es el que profetiza que el que habla en lenguas, a no ser que las interprete para que la iglesia reciba edificación. *1 Corintios 14:4b-5*

¿Qué hay, pues, hermanos? Cuando os reunís, cada uno de vosotros tiene salmo, tiene doctrina, tiene lengua, tiene revelación, tiene interpretación. Hágase todo para edificación. Si habla alguno en lengua extraña, sea esto por dos, o a lo más tres, y por turno; y uno interprete. Y si no hay intérprete, calle en la iglesia, y hable para sí mismo y para Dios. *1 Corintios 14:26-28*

A medida que usted estudie los siguientes versículos notará que orar en el espíritu es una de las herramientas más poderosas que un intercesor puede usar.

1. **Orar en el Espíritu, es su espíritu comunicandose directamente con Dios.** Es principalmente para su tiempo devocional, de oración e intercesión, de alabanza y adoración.

   ...hable para sí mismo y para Dios. *1 Corintios 14:28b*

   Porque el que habla en lenguas no habla a los hombres, sino a Dios; pues nadie le entiende, aunque por el Espíritu habla misterios. *1 Corintios 14:2*

2. **Orar en el Espíritu es una oración perfecta.** Ya que usted no siempre sabe qué orar, o cómo orar en una situación específica, puede presentar la necesidad delante del Señor por medio de orar en el espíritu. El Espíritu Santo, su ayudador, lo capacita para orar como usted debería hacerlo, según la voluntad del Señor.

   Orar en el Espíritu es un medio por el cual el Espíritu Santo intercede en oración a través de su espíritu. De aquí tomamos la frase "lenguaje de oración", una lengua no aprendida en la cual puede orar. Cuando ora con su entendimiento, es fácilmente influenciado por sus sentimientos, pensamientos, deseos, experiencias, distracciones, entendimiento y voluntad. Aun su vocabulario puede limitar sus oraciones. Dios le da un lenguaje de oración que sobrepasa su mente, voluntad y emociones y le permite continuar en oración sin interrupción.

   Y de igual manera el Espíritu nos ayuda en nuestra debilidad; pues qué hemos de pedir como conviene, no lo sabemos, pero el Espíritu mismo intercede por nosotros con gemidos indecibles. Mas el que escudriña los corazones sabe cuál es la intención del Espíritu, porque conforme a la voluntad de Dios intercede por los santos. Y sabemos que a los que aman a Dios, todas las cosas les ayudan a bien, esto es, a los que conforme a su propósito son llamados. *Romanos 8: 26-28*

Porque si yo oro en lengua desconocida, mi espíritu ora, pero mi entendimiento se queda sin fruto. *1 Corintios 14:14*

Y esta es la confianza que tenemos en él, que si pedimos alguna cosa conforme a su voluntad, él nos oye. Y si sabemos que él nos oye en cualquiera cosa que pidamos, sabemos que tenemos las peticiones que le hayamos hecho. *1 Juan 5:14-15*

Pedís, y no recibís, porque pedís mal, para gastar en vuestros deleites... *Santiago 4:3*

3. **Orar en el espíritu tiene un significado definido.** Aunque usted no entienda lo que está orando, Dios sí.

Tantas clases de idiomas hay, seguramente, en el mundo, y ninguno de ellos carece de significado. *1 corintios 14:10*

4. **Orar en el espíritu edifica a la persona que lo hace.** Cuando usted es edificado, fortalecido y alentado, puede continuar con la guerra espiritual a la cual ha sido llamado.

El que habla en lengua extraña, a sí mismo se edifica. *1 Corintios 14: 4a*

Pero vosotros, amados, edificándoos sobre vuestra santísima fe, orando en el Espíritu Santo. *Judas 20*

5. **Orar en el espíritu tiene como respaldo la autoridad celestial.** De ninguna manera puede usted saber cuándo Satanás y sus fuerzas demoniacas lanzarán su ataque. El Espíritu Santo le inspirará (dará) la estrategia para el momento oportuno.

Orando en todo tiempo con toda oración y súplica en el Espíritu, y velando en ellos con toda perseverancia y súplica por todos los santos. *Efesios 6: 18*

Porque no tenemos lucha contra sangre ni carne, sino contra principados, contra potestades, contra los gobernadores de las tinieblas de este siglo, contra huestes espirituales de maldad en las regiones celestes. *Efesios 6:12*

...La oración eficaz del justo puede mucho. *Santiago 5:16b*

Orar en el Espíritu es una elección. Orar es un acto de su voluntad, ya sea que ore con su espíritu o con su entendimiento. Cuando Pedro caminó en el agua, él tuvo que hacerlo todo. Salió del bote y movió sus pies. Caminar no fue el milagro. El hecho que no se hundió sí lo fue. Orar en el espíritu es similar. Usted lo hace todo. Hablar no es un milagro, el hecho que usted hable en una lengua que no comprende sí lo es. El Espíritu Santo le dará expresión. Así como cualquier otra lengua o idioma, cuanto más lo usa, más fluído y cómodo se sentirá.

¿Qué, pues? Oraré con el espíritu, pero oraré también con el entendimiento; cantaré con el espíritu, pero cantaré también con el entendimiento. *1 Corintios 14:15*

Satanás sabe que el Espíritu Santo apuntará directa y efectivamente al punto donde él (Satanás) es más vulnerable. No hay ninguna duda que éste es el motivo por el cual él trata desesperadamente de desacreditar el orar en el espíritu, en la mente de muchos creyentes.

Así como Pablo, usted puede orar en el espíritu para alabar y adorar al Señor Jesucristo, pero también para volver a tomar el territorio de Satanás y su reino de demonios en la vida de aquellos por quienes esté orando. Orar en el espíritu se transformará en un pilar de importante soporte, en el arsenal de armas espirituales del creyente en contra del enemigo.

El Nombre de Jesús: nuestra autoridad

El Nombre de Jesús es el nombre que tiene poder en la tierra, en el cielo y en el infierno. Al ser usted el templo de Su Espíritu, el mismo Espíritu Santo mora en usted, el cual le permite tomar Su nombre y usarlo como si Él mismo estuviera aquí. "... os he dado potestad (autoridad) sobre toda fuerza del enemigo." Esta es la clase de autoridad que nos prometió Jesús.

> Y todo lo que pidiereis al Padre en mi nombre, lo haré, para que el Padre sea glorificado en el Hijo. Si algo pidiereis en mi nombre, yo lo haré. *Juan 14:13-14*

> Por lo cual Dios también le exaltó hasta lo sumo, y le dio un nombre que es sobre todo nombre, para que en el nombre de Jesús se doble toda rodilla de los que están en los cielos, y en la tierra, y debajo de la tierra; *Filipenses 2:9-10*

Todo debe doblarse ante el Nombre de Jesús, por lo tanto, use el Nombre de *Jesús* durante su tiempo de guerra espiritual, pues Dios reconoce ese nombre y de igual manera el diablo y sus huestes. Haga que el enemigo huya aterrorizado declarando el Nombre de nuestro Señor Jesús.

Esta es una manera efectiva de orar usando el nombre de Jesús y Su autoridad.

Por medio de la autoridad de Jesús y de Su preciosa Sangre yo te ato Satanás, conforme a lo que está escrito en Efesios 6:12; y rompo tus poderes sobre esta situación. Desato (nombre a la persona) por la cual está orando) de tus ligaduras y deshago tu obra y tu ataque en el Nombre de Jesús.

Padre Celestial, te agradezco por (nombre a la persona) y te ruego que Tu voluntad sea hecha en su vida. En el Nombre de Jesús y por medio de Su autoridad declaro que ya fue hecho.

El poder del Espíritu Santo que mora en usted le da autoridad para usar el Nombre de Jesús, para poder vencer y derrotar al enemigo. Es como el hombre que puede impedir el tránsito de un gran camión, tan sólo con pararse en medio de la autopista y levantar su mano en señal que se *detenga*. El único hombre que puede hacer esto, es aquel que esté usando una insignia o distintivo de la policía el cual lo respalda en su autoridad para poder detener el tráfico y así prohibir a los camiones que continuen su camino si una ley ha sido violada. Los intercesores también deben usar su autoridad, la cual les ha sido delegada por medio de Jesús con el fin de detener los ataques destructores de las fuerzas demoniacas, las cuales vienen en contra de los hijos de Dios.

Pero el que se une al Señor, un espíritu es con El. 1 *Corintios 6:17*

Para que os dé, conforme a las riquezas de su gloria, el ser fortalecidos con poder en el hombre interior por su Espíritu. *Efesios 3:16*

Y si el Espíritu de aquel que levantó de los muertos a Jesús mora en vosotros, el que levantó de los muertos a Cristo Jesús vivificará también vuestros cuerpos mortales por su Espíritu que mora en vosotros. *Romanos 8:11*

La llave para alcanzar su autoridad al usar el Nombre de Jesús, depende de la relación personal que usted comparta con Él. Esta relación debe ser nutrida por medio de una comunión íntima con Él, lo cual garantizará que usted haga uso de esta autoridad otorgada sólo en aquellas situaciones que den gloria a Dios. Uno de los ejemplos que podemos observar es el de Pedro y Juan hablando y sanando al hombre paralítico en el pórtico del templo *(Hechos 3:1-8)*. También podemos ver lo que sucede a los exorcistas ambulantes y a los hijos de Esceva, cuando intentaron usar el Nombre de Jesús sin tener el respaldo de Su autoridad *(Hechos 19:11-17)*. Si usted tiene una buena relación con Cristo Jesús, el enemigo debe someterse a su autoridad cuando la usa en el Nombre de Jesús.

Y estas señales seguirán a los que creen: En mi nombre echarán fuera demonios; hablarán nuevas lenguas; tomarán en las manos serpientes, y si bebieres cosas mortíferas, no les hará daño; sobre los enfermos pondrán sus manos, y sanarán. *Marcos 16:17-18*

La sangre de Jesús: nuestra protección

Y no por sangre de machos cabríos ni de becerros, sino por su propia sangre, entró una vez para siempre en el lugar Santísimo, habiendo obtenido eterna redención. Porque si la sangre de los toros y los machos cabríos, y la ceniza de la becerra roceada a los inmundos, santifican para la purificación de la carne, ¿cuánto más la sangre de Cristo, el cual mediante el Espíritu eterno se ofreció a sí mismo sin mancha a Dios, limpiará vuestra conciencia de obras muertas para que sirváis al Dios vivo? *Hebreos 9:12-14*

Lo que hace la Sangre de Jesús por nosotros

- Da **salvación**. Nos permite entrar en Su reino y nos libra de la condenación eterna *(Juan 3:3,17; Marcos 16:16)*.
- Hace **expiación** por nosotros borrando nuestros pecados *(Levítico 17:11, Romanos 5:10)*.
- Nos **redime**. Nuestra vida ha sido comprada, su precio ha sido pagado por completo rescatándonos de los

poderes del pecado y de la muerte *(Salmo 107:2; Efesios 1:7; Apocalipsis 5:9; Hebreos 9:12).*

- Nos **justifica.** Absolvió nuestra culpa y pecado *(Romanos 5:9; Hechos 13:38-39).*

- Nos hace **justos,** poniéndonos nuevamente en comunión y una buena relación con Dios *(Isaías 59:2; 1 Juan 1:9; Romanos 3:22,23,25).*

- Nos **santifica.** Desde el día de nuestra salvación, fuimos apartados para el Señor por medio de la Sangre de Jesús *(1 Corintios 1:30; Hebreos 10:10-14).*

- Hace posible la **remisión** de los pecados, los cuales ya fueron borrados *(Romanos 3:24-25; Hebreos 9:22).*

- Nos **reconcilia.** Aceptando la provisión de Dios, ahora podemos tener comunión con El en amor *(Colosenses 1:20; Romanos 5:10).*

- Nos da **poder para vencer,** recibiendo la autoridad y el poder que nos fueron delegados *(Lucas 10:19; Apocalipsis 12:11).* Nos LIBRA de los poderes de las tinieblas *(2 Corintios 2:14; Colosenses 1:13).*

- **Perdona** nuestros pecados *(Colosenses 1 :14; 1 Juan 1:9).*

- **Un nuevo pacto.** Reemplazó a los sacrificios antiguos y el perfecto sacrificio fue hecho por medio de Jesucristo *(Hebreos 10:9; 7:22; 12:24; 8:13; 9:15).*

- Nos **limpia** de todo pecado *(1 Juan 1:7).*

Una de las estrategias que los intercesores han usado durante los años es "cubrirse con la Sangre de Jesús". Pero a causa del abuso que algunos han ejercido sobre ello, se ha transformado en un tema de controversia. El cubrir la vida de una persona con la Sangre de Jesús para su protección, es simplemente recordarle al enemigo cuáles son sus límites. Este es el mismo principio que vemos ilustrado en *Exodo 12:22-23* cuando la sangre del cordero era derramada sobre los dinteles de las puertas de los hogares de los israelitas queriendo significar que el ángel de la muerte no podía tocar a nadie en aquel hogar.

Durante su tiempo de intercesión, cúbrase con la Sangre de Jesús para su protección y para la de aquellos por los cuales está orando.

La Sangre de Jesús le garantiza paz y victoria duradera. Vemos un ejemplo de esto en el libro de *1 Samuel 7:3-14*. En este pasaje encontramos que Samuel desafió al pueblo de Israel a quitar los dioses falsos que habían sido introducidos por los filisteos permitiendo que estos dioses contaminaran la región. El pueblo respondió en obediencia al llamado de Samuel y ofrecieron un día de ayuno a Dios. Cuando los filisteos se enteraron de que sus ídolos habían sido quitados de en medio del pueblo de Israel se enojaron y, por esta causa, los sitiaron y los atacaron. El pueblo le dijo a Samuel: "No ceses de clamar por nosotros a Jehová nuestro Dios, para que nos guarde de la mano de los filisteos" (v 8). Samuel, en respuesta al pedido, tomó un cordero de leche y lo sacrificó entero en holocausto como ofrenda al Señor.

En el libro *"Nacido para la batalla"* su autor, Arthur Mathews nos da la esencia de este episodio.

> "Estando confiado Samuel en que su ofrenda había sido agradable delante de Dios, clamó al Señor de Israel. Dios en respuesta envió un gran estruendo desde los cielos sobre los filisteos, lo cual los atemorizó y conforme a lo que revelan las Sagradas Escrituras "no volvieron más a entrar al territorio de Israel".
>
> Esta victoria era necesaria para obtener la paz. Paz, es victoria mantenida. La única persona que puede mantener al enemigo fuera de nuestro territorio es el intercesor

y bendito es aquel intercesor que sabe
hacer uso del poder de la Sangre en su
guerra espiritual.

"Preciosa Sangre,
por medio de ella vencemos
En la lucha más cruenta,
El pecado y Satanás son vencidos
Por medio de Su poder."

F.R. Havergal

Ponerse de acuerdo: nuestro vínculo de unión

Como intercesor, debe estar en armonía con el Espíritu Santo
para así llevar a cabo, por medio de Su guía, la tarea que Él
lo ha llamado a realizar por medio de la guerra espiritual.
Estar de acuerdo quiere decir: "armonizar, vivir de acuerdo,
en armonía, concordia, sin contienda". Todos hemos sido
llamados a tener una constante vida de oración por medio
de la Palabra de Dios y del Espíritu Santo.

Si usted desea aprender a orar "de acuerdo", va a tener
que aprender también a estar en armonía y en un mismo
sentir con otro intercesor. Cuando llegó el día de Pentecostés
de acuerdo a lo que las Sagradas Escrituras relatan, estaban
todos unánimes y juntos *(Hechos 2:1)*.

Quizás en su tiempo de oración, usted desee orar con
algún amigo o amiga; el hacerlo con alguien con quien su
espíritu puede fluir libremente fortalece su batalla espiritual.
Elija muy cuidadosamente este compañero o campañera para
orar; busque la guía del Espíritu Santo al hacerlo; la lógica o
el razanomiento humano no debe ser un factor determinante
en tal elección. Este amigo que usted elige, debería ser del
mismo sexo que el suyo y alguien con quien tenga una
comunicación frecuente y fluída. Si usted siente que el Señor
lo está guiando a unirse a orar con una persona en particular,

y este sentir es mutuo, ponga a prueba la relación por algunas semanas para así poder determinar si en realidad es una ayuda o una traba en su intercesión. ¿Esta relación es pura y santa, hay algunos motivos ocultos en ella? ¿Le agradará al Señor?

Jesús dijo:

De cierto os digo que todo lo que atéis en la tierra, será atado en el cielo; y todo lo que desatéis en la tierra, será desatado en el cielo. Otra vez os digo, que si dos de vosotros se pusieren de acuerdo en la tierra acerca de cualquiera cosa que pidieren, les será hecho por mi Padre que está en los cielos. *Mateo 18:18-19*

Y Salomón escribió:

...Y cordón de tres dobleces no se rompe pronto. *Eclesiastés 4:12*

Aprender a orar en un mismo sentir es aprender a orar en la voluntad de Dios, y al ser transformada su mente descubrirá la perfecta voluntad de Dios y estará de acuerdo con El y con Su Palabra (Leer *Romanos 12:2*).

En las Sagradas Escrituras encontramos una admonición o advertencia, con respecto a lo que puede llegar a suceder si usted se pone en acuerdo sobre aquello que no viene de parte de Dios, o aquello que no es santo. Lea en el libro de Los Hechos, el capítulo 5:1,2,9 y hallará cómo Ananías y su esposa Safira acordaron en decir una mentira la cual les costó la vida. "¿Por qué conveniste en tentar al Espíritu Santo del Señor?". Esta fue la pregunta que hizo el apóstol Pedro a Safira antes que cayera muerta.

Usted se preguntará "¿Y qué si cometo un error?". Si su corazón es sincero y sus razones son puras, la gracia de Dios abundará.

Aprenda a discernir el espíritu de la persona con la cual se pone de acuerdo para orar. Si usted se une de acuerdo a la voz del enemigo, escuchando las palabras negativas que él le murmura en el oído, o por medio de alguna persona, se está poniendo de acuerdo con algo equivocado. Póngase de acuerdo y en armonía con lo que la Palabra de Dios dice, y con lo que el Espíritu Santo traiga a su mente.

Invite a la presencia del Espíritu Santo para que esté en medio de ambos, aun antes de comenzar a orar. Ore unánime con El.

9

Armas de guerra Espiritual

(Continuación)

Atar y desatar: nuestras llaves

Son dos armas muy efectivas, provistas y dadas por Jesús a Sus seguidores:

> Y a ti te daré las llaves del reino de los cielos; y todo lo que atares en la tierra será atado en los cielos; y todo lo que desatares en la tierra será desatado en los cielos. *Mateo 16:19*

¿Entonces cuál es el significado de la frase "... será atado en los cielos...será desatado en los cielos..."? Uno de los traductores de la Biblia comenta que el verbo atar está conjugado en participio perfecto pasado, por lo tanto, a lo que hace referencia es aquello que ya ha sido hecho (o permitido). Lo que esto nos está diciendo es que todo aquello que el creyente atare o desatare, ya ha sido atado o desatado en "los cielos".

Porque ¿cómo puede alguno entrar en la casa del hombre fuerte, y saquear sus bienes, si primero no le ata? Y entonces podrá saquear su casa. *Mateo 12:29*

El contexto de este pasaje nos muestra que Jesús está echando fuera demonios. En este versículo la palabra "atar" en el original griego da la connotación de: "asegurar, trabar, amarrar – como haciéndolo con cadenas – como el atar a un animal para no dejarlo huir".

Atar y desatar no es una clase de magia espiritual, la cual puede ser usada con cada capricho o antojo como por ejemplo decir: "Satanás te echo fuera de mi billete o cartón de lotería". Este es un ejemplo incorrecto e impropio de atar. Va en contra de la Palabra de Dios y sería para propósitos y deseos egoístas. No tiene nada que ver con el atar y desatar para los propósitos del reino.

Un autor declara lo siguiente acerca de atar y desatar: "Tiene que ver con la autoridad del cristiano en guerra espiritual y hay generalmente varios factores involucrados. Atar y desatar es una confiable certeza y una confesión del orden y gobierno de Dios en contra del desorden y confusión de este mundo endemoniado, maldecido y pecador".

El diccionario Teológico del Nuevo Testamento dice: "La idea de atar puede también referirse a la vieja imagen del hombre fuerte (ese es Satanás), quien debe ser primero atado antes de saquear sus bienes (eso son los sometidos o sojuzgados a él) (*Mateo 12:29; Paralelos:Marcos 3:27*; ver también *Lucas 11:21*). Así, a Pedro le sería prometido el poder de Cristo que tenía para atar los poderes del mal y liberar al hombre y esto traería bien no sólo en la tierra sino en los cielos (Vol. 2, p.733)".

Para poder atar al hombre fuerte, en primer lugar, necesitamos saber quién es el hombre fuerte. Puede ser un principado, una potestad, un gobernador de las tinieblas de este mundo, o huestes celestiales de maldad (*Efesios 6:12*). Esto es discernido por medio de la oración y siempre debe ser en el tiempo y la voluntad de Dios. Muchas veces el ayuno debe acompañar a esta clase de oración. Cuando el hombre le preguntó a Jesús porqué Sus discípulos no pudieron echar fuera el demonio de su hijo, Él contestó: "Pero este género no sale sino con oración y ayuno" (*Mateo 17:14:21*).

Cada creyente tiene el derecho y la autoridad de derribar o resistir al diablo y atar al hombre fuerte. Usted personalmente será marcado y desafiado por los espíritus de las tinieblas o será llamado a guerrear en contra de los poderes que atacan su casa, su iglesia, su ciudad, etc.

Definitivamente algo que usted no debe hacer es atar y desatar espíritus demoniacos, o fuerzas del mal de alto rango y dominio, sin un verdadero conocimiento de lo que está haciendo. Mientras aprende a derribar fortalezas, lo que se puede hacer es apoyar a otra persona en oración mientras observa cómo lo hace pero nunca trabaje solo. Debe reconocer su jurisdicción espiritual (su área espiritual permitida).

Puede haber un serio contraataque si esto es hecho fuera del área de autoridad, directamente relacionada con la autoridad de la Iglesia. La jerarquía de las tinieblas *(Efesios 6:12)* sabe acerca de la autoridad y la cadena de comando del pueblo de Dios. Actuar sin la autoridad necesaria puede ser muy peligroso para usted y puede traer consecuencias negativas a la iglesia, etc., en la cual usted está ministrando.

Entonces cuando se habla acerca de desatar, ¿a qué se refiere? A lo que en realidad está haciendo referencia es a "libertar a los cautivos". ¿Recuerda el pasaje en las Sagradas Escrituras cuando Jesús sanó a la mujer que durante dieciocho años sufrió de un espíritu de enfermedad? Jesús le dijo: "Mujer, eres libre de tu enfermedad". *(Lucas 13:11-12).*

La palabra desatar en el original griego es definida en el diccionario Lexicón como: "desatar cualquier cosa atada o asegurada; soltar a alguien atado o ligado; liberar; poner en libertad de prisión; liberar de ligaduras o de enfermedades puestas por Satanás, por medio de la restauración y la sanidad".

James M. Freeman, en su libro "Modos y costumbres de los tiempos bíblicos", explica el común uso que tenían las palabras "atar" y "desatar" en el ambiente de las escuelas judías. "Atar" es "impedir"; "desatar" es "permitir" (admitir). Atar y desatar es prohibir y admitir. En el idioma arameo, el cual Jesús también hablaba, era costumbre usar las palabras atar y desatar y la persona que lo hacía, daba la connotación de estar en una posición más alta de autoridad.

Jesús le dio a Pedro las llaves del reino de los cielos. Cuando Jesús le preguntó a Pedro quién era El, Pedro dijo: "Tú eres el Cristo, el Hijo del Dios viviente." *(Mateo 16:16).* Luego Jesús le dijo: "...sobre esta roca edificaré mi iglesia; y las puertas del Hades no prevalecerán contra ella. Y a ti te daré las llaves del reino de los cielos y todo lo que atares en la tierra será atado en los cielos; y todo lo que desatares en la tierra será desatado en los cielos". Jesús no sólo le dio las llaves a Pedro, sino que también se las dio a Su Iglesia.

Atar es amarrar al enemigo con presión para que no se pueda mover. Desatar es ganar libertad usando la Palabra de Dios. Atar se refiere al enemigo, mientras que desatar se refiere a la victoria.

No hay fórmula para atar o desatar. Debe ser hecho por medio de la revelación del Espíritu de Dios; de todas maneras a continuación hay un ejemplo de cómo podría orar usted por un ser querido que está bajo las influencias del mal.

A ti te hablo, Satanás, en el poderoso y precioso Nombre de Jesucristo de Nazaret. Tomo autoridad sobre ti, y ato a todos los espíritus demoniacos enviados a (nombre de la persona). Suelta a (nombre de la persona) y déjalo libre en el Nombre de Jesús. Te ordeno que dejes de atacar a (nombre de la persona) que es un hijo de Dios. (nombre de la persona) está cubierto por la sangre de Jesús, el precioso Cordero de Dios que fue sacrificado por él. (Puede atar cualquier cosa que el Señor traiga a su corazón a medida que ora. El Espíritu del Señor lo guiará). Señor, te ruego que Tu voluntad sea hecha ahora. Te doy gracias, Señor. En el Nombre y la autoridad de Jesús, lo declaro hecho. Gracias, Señor, por hacer que Tu palabra se cumpla, en el Nombre de Jesús.

Ayuno: Nuestra arma cortante

El ayuno, nuestra arma cortante, se realiza habitualmente en privado e impregnado de oración. Mas allá del concepto que el ayuno es abstenerse de comidas, es en realidad una actitud, la de negarse a los deseos de uno mismo, deseando por sobre ellos los propósitos divinos. Es importante que examinemos nuestros motivos y las actitudes de nuestro corazón delante de la presencia del Señor antes de proponernos tomar un tiempo para orar y ayunar.

Cuando ayunéis, no seáis austeros, como los hipócritas; porque ellos demudan sus rostros para mostrar a los hombres que ayunan; de cierto os digo que ya tienen su recompensa. Pero tú, cuando ayunes, unge tu cabeza y lava tu rostro, para no mostrar a los hombres que ayunas, sino a tu Padre que está en secreto; y tu Padre que ve en lo secreto te recompensará en público. *Mateo 6:16-18*

Note que Jesús no dijo "si" ayunas sino "cuando" ayunes. Esto quiere decir que Él espera que los cristianos practiquen esta clase de disciplina en su vida de oración. ¿Qué es ayunar realmente? Ayunar es el acto deliberado de la voluntad de abstenerse de comidas con el propósito de concentrarse en la oración. Jesús habló acerca de los verdaderos motivos del ayuno y dijo que nunca deberíamos hacerlo para impresionar a otros.

Estar lleno del Espíritu Santo no significa necesariamente que uno camina en el Poder del Espíritu. El camino al poder de Dios es el ayuno y la oración *(Lucas 4:1,2,14)* pues este es el ejercicio espiritual que lo hace más sensible a la Palabra de Dios y a escuchar Su voz. El tener esta sensibilidad espiritual crea en la vida personal de uno, más poder para combatir las fuerzas de Satanás.

Cuando el esposo es llevado, es que los discípulos ayunarían *(Mateo 9:14-15)*. El ayunar es una disciplina espiritual *(2 Corintios 6:5)*.

El ayuno, lo cual es visto en el Nuevo Testamento como una forma o un medio por el cual obtener la guía del Espíritu Santo, trae claridad a la mente y al espíritu (Ver *Hechos 13:1-3; 14:21-23)*.

¿Qué se obtiene por medio del ayuno? Por medio del ayuno se obtiene probablemente mucho más respuestas de las que usted se puede imaginar y quizás no lo sepa o descubra hasta llegar al cielo.

¿No es más bien el ayuno que yo escogí, desatar las ligaduras de impiedad, soltar las cargas de opresión y dejar ir libres a los quebrantados, y que rompáis todo yugo? *Isaías 58:6*

Proclamad ayuno, convocad a asamblea; congregad a los ancianos y a todos los moradores de la tierra en la casa de Jehová vuestro Dios, y clamad a Jehová. *Joel 1:14*

¿Por qué *orar* y también *ayunar*?

- Jesús nos dio el ejemplo al ayunar durante cuarenta días estando en el desierto *(Mateo 4:2; Lucas 4:2)*.

- Esto le agrada al Señor pues es una ofrenda entregada al Padre de propia voluntad *(1 Samuel 7:5-6; Hechos 14:23)*.

- El hacerlo, resulta como una disciplina física y espiritual *(Lucas 2:36-37; 1 Corintios 9:26-27)*.

- Lo guarda del juicio de Dios *(Joel 2:12-14, Jonás 3:5-8)*.

- Por medio de él se expresa el interés por la familia, la iglesia, la comunidad y el país *(2 Samuel 1:12; 12:16; Esdras 8:21; Ester 4:3,16; Daniel 9:3; Mateo 9:15; Marcos 2:18-20; Lucas 5:33-35)*.

Los beneficios del *ayuno*:

- Fortalece e implementa la oración *(Hechos 10:30-31)*.

- Trae bendiciones al actuar en obediencia *(Mateo 6:6,16)*.

- Produce humildad por medio del arrepentimiento *(Nehemías 9:1-3)*.

- Trae revelación de los caminos y la voluntad de Dios para el futuro *(Daniel 9)*.

- Otorga autoridad y poder en nuestra oración y guerra espiritual *(Mateo 4:1-11)*.

El ayuno nos permite obtener grandes victorias. Como por ejemplo el rey Josafat quien pregonó ayuno en toda la región de Judea, en contra de los ejércitos que los estaban invadiendo y el Señor puso su mano, los enemigos se destruyeron a sí mismos *(2 Crónicas 20:1-30)*.

El ayuno nos da una actitud mental correcta y apropiada: no deberíamos ver al ayuno como un castigo, aunque al principio quizás, sintamos que nuestros cuerpos se rebelen contra él.

El ayuno debería ser visto como una preciosa oportunidad de acercarnos más al Señor, sin las distracciones diarias que trae el comer. Dios responde a nuestra sinceridad cuando humildemente nos humillamos delante de Él.

Distintos modos de *ayunar:*

- **Ayuno de veinticuatro horas:** Abarca de atardecer a atardecer. Absteniéndose de comidas sólidas.

- **Ayuno parcial:** abstenerse de comidas ricas y compuestas. Ingerir sólo sopas líquidas, jugo de frutas, cereales o granos, o dejar de lado una comida al día para tomar tiempo de oración (Ver *Daniel 1:8-16 y 10:2-3*).

- **Ayuno de tres días:** Abstenerse de comidas por completo (Ver ejemplo en *Ester 4:16*).

- **Ayuno extenso:** hay dos formas de realizarlo y ambas requieren preparación anticipada. Antes de comenzar un ayuno extenso se recomienda omitir de su dieta diaria, bebidas que contengan cafeína y comidas muy altas en proteínas y condimentos.

- **Ayuno total:** excluye toda clase de comidas, pero incluye agua. Al cortar esta clase de ayuno debe hacerse muy lentamente. Ingerir sólo jugos de frutas diluídas durante el período de uno o dos días. Luego, gradualmente ingerir frutas, vegetales y granos, agregando la carne en último término.

- **Ayuno no total:** No se ingiere comidas sólidas, pero sí jugos de frutas diluídos, agua y té de hierbas.

Nota: Si usted está bajo tratamiento o medicación consulte a su médico anticipadamente antes de tomar la decisión de comenzar un ayuno. Quizás debería considerar primeramente realizar un ayuno sólo parcial. Ayune únicamente cuando el Espíritu Santo lo dirija o guíe a hacerlo, y que a la misma vez esté en armonía con su vida de oración *(Isaías 58:6; 1 Corintios 9:26-27).*

Use su tiempo de ayuno como una oportunidad de tomar más tiempo para orar. Al hacerlo notará que su espíritu se vuelve más sensible al Espíritu Santo y recibe así una revelación más profunda de la Palabra de Dios. Ayunar no es una prueba de resistencia a no comer, ni tampoco es un ritual religioso. Es una bendición y, a la vez, un privilegio que tenemos de acercarnos al Padre Celestial en la humildad que brota del corazón.

Escrituras acerca del *ayuno*

Exodo 34:28	Moisés
Levítico 16:29-31	Día de expiación
Levítico 23:27-32	Día de expiación
1 Samuel 1: 7-8	Oración de Ana
2 Samuel 12:16-23	David, por el hijo de Betsabé
1 Reyes 17:8-24	Elías
1 Reyes 19:8	Viaje de Elías a Horeb
1Reyes 21:27	Por Acab en humillación
2 Crónicas 20:3	Proclamado por Josafat
Esdras 8:21-23	Proclamado por Esdras
Nehemías 1:4	Por Nehemías
Nehemías 9:1	El pueblo de Jerusalén
Ester 4:16	Proclamado por Ester
Job 33:19-30	Como resultado de enfermedad y dolor
Isaías 58	El ayuno que agrada a Dios
Jeremías 14:12	Aquello que no es acepto
Joel 2:12	Volverse a Dios de todo corazón
Mateo 6:16-18	No hacerlo como hipócritas
Mateo 17:21	Solo con ayuno y oración
Lucas 2:37	Ana alababa en el Templo
Lucas 4:2	Jesús, cuarenta días de ayuno
Lucas 18:12	Ayuno por orgullo y justicia propia
Hechos 9:9	Saulo de Tarso
Hechos 10:30	Cornelio, cuando se le aparece el ángel
Hechos 13:2-3	Por profetas y maestros en Antioquía

Hechos 14:23	Para elegir a los ancianos
Romanos 14:21	Abstenerse por aquel que es débil
1 Corintios 7:5	En la relación matrimonial
2 Corintios 6:5	Ingrediente del ministerio apostólico

Extraído del «Ayuno Escogido» por Arthur. Wallis.

Usted debería ver el ayuno como un medio por el cual sus oraciones son dirigidas correctamente a la perfecta voluntad de Dios. Cuando ayune, hágalo con la meta definida de romper las ligaduras de oposición de Satanás. Al orar concéntrese en Jesús, haciendo tiempo para estar en comunión con Él.

Nota: Antes de fijarse la meta de un ayuno prolongado, sea victorioso con los que son de más corto periodo, como lo son los ayunos de un día o un ayuno parcial.

La alabanza: nuestro estandarte

La alabanza es una clave muy importante en la guerra espiritual, siendo también una de las armas más poderosas que hay a disposición del creyente. Jesús nos dio el ejemplo de alabar, al enseñarle a sus discípulos a hacerlo al comenzar y al terminar sus oraciones. No espere ganar la victoria para comenzar a alabar; pues el hacerlo prepara el camino para la victoria que el Espíritu Santo desea traer. Lo que usted está haciendo en realidad es pelear la batalla desde un lugar, o desde una posición de victoria *(Efesios 1:20-22)*. Veamos el ejemplo de Pablo y Silas:

Después de haberles azotado mucho, los echaron en la cárcel, mandando al carcelero que los guardase con seguridad. El cual, recibido este mandato, los metió en el calabozo de más adentro, y les aseguró los pies en el cepo. Pero a medianoche, orando Pablo y Silas, cantaban himnos a Dios; y los presos los oían. Entonces sobrevino de repente un gran terremoto, de tal manera que los cimientos de la cárcel se sacudían; y al instante se abrieron todas las puertas, y las cadenas de todos se soltaron. *Hechos 16:23-26*

Y salió del trono una voz que decía: Alabad a nuestro Dios todos sus siervos, y los que le teméis, así pequeños como grandes. *Apocalipsis 19:5*

Sea llena mi boca de tu alabanza, de tu gloria todo el día. *Salmo 71:8*

Todo lo que respira alabe a Jehová. Aleluya. *Salmo 150:6*

¿Qué efecto produce la *alabanza*?

- Bendice al Padre Celestial *(Salmo 66:8; Lucas 24:52,53)*.
- Nos hace entrar a Su presencia y nos acerca a El *(Salmo 100:4)*.
- Abre puertas y allana los terrenos quebrantados *(Isaías 60:18; Hechos 16:25-26)*.
- Derrota al diablo *(Salmo 149:5-9)*.
- Trae avivamiento *(2 Crónicas 31:2; Salmo 107:32)*.
- Lo mantiene en alegría y trae a su vida gozo *(Isaías 61:1-3; Hechos 2:45-47)*.

La alabanza es un acto de adoración realizado con el cuerpo. ¿Se ha dado cuenta de que cuando usted alaba al Señor su cuerpo físico experimenta una variedad de emociones?

Ejemplos de adoración corporal por medio de la alabanza

- Cuando bate palmas y golpea con sus pies está haciendo demostración de su contentamiento *(2 Reyes 11:12; Salmo 98:8; Isaías 55:12.*

- Cuando usted se levanta, marcha o camina, está haciendo demostración de su predisposición de estar listo para servir al Señor *(Génesis 13:17; Deuteronomio 11:22-25; Josué 1:1-5; Salmo 68:7-8).*

- Cuando usted eleva sus manos está adorando y rindiéndose a Dios *(Exodo 17:8-16; 1 Reyes 8:22-24; Salmos 28:2; 63:3-4; 134:2; 141:2; Lucas 24:50-51; 1 Timoteo 2:8).*

- Cuando danza, expresa su gozo *(1 Samuel 18:6-7; Salmos 30:11; 149:3; Jeremías 31:13; Lucas 15:25-27).*

- Cuando canta, expresa el regocijo de su corazón *(Salmos 68:25; 100:2; 108:1; Proverbios 29:6; Isaías 26:19; 65:13-14; Jeremías 31:7; Zacarías 2:10; 1 Corintios 14:15; Santiago 5:13; Apocalipsis 15:3).*

- Cuando toca un instrumento, está expresando su adoración *(1 Samuel 16:23; 18:6-7; 1 Crónicas 15:28; 16:42; 25:1,3,6; 2 Crónicas 5:13,14; 34:12; Salmo 33:2,3).*

- Cuando se postra (en homenaje a la realeza de Dios), demuestra su profunda emoción y completa rendición a Dios *(Salmo 72:11; Isaías 45:14).*

- Cuando se arrodilla demuestra humildad y su total dependencia en Dios *(2 Crónicas 6:13; Mateo 17:14,15; Marcos 1:40).* Arrodillarse es pedir misericordia *(Lucas 22:41,42; Hechos 9:40; 21:5).*

- Cuando está quieto y en silencio demuestra su confianza y su descanso en Dios *(Exodo 14:14; Josué 6:10; Job 2:13; Proverbios 13:3; 17:27; Amós 5:13; Mateo 8:4; 12:16; 27:14; Lucas 23:9).*

La Palabra de Dios y nuestro testimonio nuestro fundamento

Aunque esta arma es mencionada en último término, no implica que es la de menos importancia, por el contrario, es el fundamento sobre el cual todo el resto del arsenal está edificado. Cada cosa que usted realice en guerra espiritual debe estar basada en la Palabra de Dios.

La manera en que usted emplea sus palabras pueden favorecerlo o actuar en su contra. Por lo tanto aprenda a usarlas como Jesús lo hizo. Es Su Palabra habitando en usted lo que produce que sus palabras sean impregnadas de fe *(Juan 15:7-8)*.

Y tomad el yelmo de la salvación, y la espada del Espíritu, que es la Palabra de Dios. *Efesios 6:17*

Porque la palabra de Dios es viva y eficaz, y más cortante que espada de dos filos; y penetra hasta partir el alma y el espíritu, las coyunturas y los tuétanos, y discierne los pensamientos y las intenciones del corazón. *Hebreos 4:12*

Usted debe aprender a utilizar la Palabra de Dios en contra del diablo, de la misma manera en que Jesús lo hizo cuando fue tentado. Su respuesta fue: ...escrito está,... escrito está,... escrito está. Cada vez que El le respondió con la Palabra, ganó la batalla *(Mateo 4:4,7,10; 10:32)*.

Cuando usted confiesa la Palabra en voz alta como una afirmación, Jesús lo confiesa delante del Padre. Cuanto más conoce y confiesa la Palabra más eficaz y segura será su victoria. Debería tener su espíritu provisto de escrituras para usarlas en tiempos de necesidad.

Otra forma efectiva de usar la Palabra como un arma es establecer un "documento de confirmación" basado en la palabra dada por el Señor, respecto a una situación específica.

Un documento de confirmación es una de las armas más valiosas en su guerra espiritual.

De acuerdo con la definición que el diccionario otorga, documento es: "una prueba, cualquier escrito que ilustre acerca de algún hecho; todo aquello que sirve para ilustrar, para probar o comprobar, como referencia a un documento".

Miremos algunos documentos en las Sagradas Escrituras.

Dios le dijo a Moisés en el monte Sinaí que escribiera y documentara sobre tablas de piedra Su Palabra para los hijos de Israel. Dios consideraba estas palabras tan importantes que luego que Moisés las rompió, las volvió a escribir con Su mismo dedo. Estas son las palabras que conocemos como "Los diez mandamientos".

Y Jehová dijo a Moisés: Escribe tú estas palabras; porque conforme a estas palabras he hecho pacto contigo y con Israel. *Exodo 34:27*

Cuando el pueblo de Dios regresó de su cautividad a Jerusalén, Nehemías ordenó que volvieran a renovar la relación de pacto con Dios. "Por todo esto, nosotros nos comprometemos firmemente por escrito y el documento sellado lo firmarán nuestros líderes, los levitas y nuestros sacerdotes" *(Nehemías 9:38)*.

Dios le dijo a Ezequiel que escribiera un documento de guerra, revelándole el plan que el Rey Nabucodonosor estaba preparando en contra de Jerusalén. Dios instruyó a Ezequiel a escribir la fecha para que luego recordara que lo que Dios le había dicho era verdad.

Vino a mí palabra de Jehová en el año noveno, en el mes décimo, a los diez días del mes, diciendo: Hijo de hombre, escribe la fecha de este día; el rey de Babilonia puso sitio a Jerusalén este mismo día. *Ezequiel 24:1-2*

Dios ordenó al profeta Habacuc que escribiera la visión que le había sido dada, como testimonio para los últimos tiempos.

Y Jehová me respondió, y dijo: Escribe la visión, y declárala en tablas, para que corra el que leyere en ella. Aunque la visión tardará aún por un tiempo, mas se apresura hacia el fin, y no mentirá; aunque tardare, espéralo, porque sin duda vendrá, no tardará. *Habacuc*

documento de confirmación es un artículo escrito que da una palabra de testimonio o promesa y generalmente lleva adjunto la fecha y una firma.

Muchos intercesores han encontrado de mucha ayuda el tener un cuaderno donde anotar las cosas que el Señor les habla y les revela mientras están orando. Dios tiene muy en cuenta estas palabras, El respalda lo que ha hablado y hará realidad lo que ha prometido, siempre y cuando esté de acuerdo con lo que dice Su Palabra (ver diario de oración).

Un documento de confirmación puede ser un pasaje de las Escrituras el cual ha sido iluminado por el Espíritu Santo, en su momento de comunión con El; puede ser también una palabra profética dada por el Espíritu Santo o aun aquello que el Señor le reveló luego de interpretar lo que usted oró en lenguas. Todo lo que Dios le hable, **siempre** va a concordar con Su Palabra y con Su carácter.

No obstante, cuando reciba una palabra escriba su declaración y registre la fecha. Luego será bendecido al ver que el Señor le dio el milagro que le prometió o al ver que Su Palabra se hizo realidad.

Distintas maneras en que puede usar la espada del Espíritu:

1. Repita y declare la Palabra de Dios para recordarle al enemigo su derrota.

2. Repita y declare la Palabra de Dios para afirmar Sus promesas en la vida de las personas por las cuales está orando.

3. Pídale al Señor que le dé una palabra de dirección para la persona o situación por la cual está intercediendo (Ejemplo: Si está orando por una persona la cual se encuentra con una grave enfermedad, quizás el Señor le dé la Palabra de este versículo: "Esta enfermedad no es para muerte..." Juan 11:4). Escríbala y manténgase fiel en oración hasta que llegue la respuesta.

4. Permítale al Espíritu Santo que avive la Palabra en su vida, la cual traerá aliento, corrección, guía divina y la estrategia para su intercesión.

Nombres de Dios: nuestro pacto

La Palabra de Dios exhorta a todo su pueblo a : "llamar y clamar en Su nombre". Para hacer esto de una forma más eficaz, lo que ayuda es entender y comprender Sus atributos.

Lo que sigue a continuación son escritos extraídos del libro "Los Nombres de Dios" (Names of God), por N. Jones. Al describir a Dios por medio de sus distintos nombres lo comprenderá de una manera más profunda, entendiendo así la provisión que Él ha hecho para usted. Su vida de oración también será enriquecida, a medida que se dirija a Él por medio de Sus Poderosos Nombres.

Elohim

Trino creador, soberano del universo, de la vida y de todas las naciones que están bajo Su pacto, para preservar la creación.

Encierra la idea de grandeza, gloria, poder creativo y poder de gobierno; omnipotente, soberano, creador del universo.

Elohim está relacionado con la creación y la preservación del mundo y de Sus obras. Refleja un gran amor por la creación, sus criaturas y todo lo creado por Sus manos.

Plural, representando la Trinidad, bajo la obligación de cumplir un voto para realizar ciertas condiciones.

El

Poderoso, fuerte, prominente, "Dios", grande, temible, "Dios Todopoderoso".

El shaddai

El Dios que es "todo suficiente" y "todo dadivoso", El que lleva y hace dar frutos; conectado a la idea de alguien que juzga, castiga correctamente y purifica. Se traduce "Todopoderoso".

Encontramos por primera vez en las Sagradas Escrituras el nombre *El Shaddai,* en relación con Abraham en Génesis 17:1: "Era Abram de edad de noventa y nueve años, cuando le apareció Jehová y le dijo: Yo soy "El Shaddai" (Dios Todopoderoso). Y fue en esta instancia que el Nombre de Abram fue cambiado por el de Abraham al comprender la revelación de El Shaddai junto a quien todas las cosas son posibles.

Adonai

Señor Soberano, amo de nuestras vidas, Señor, dueño. Denota la demanda del ser humano al servicio y a la obediencia.

Adonai revela la relación que Dios mantiene con nosotros, y lo que espera de nosotros. *Adonai* es usado ciento de veces en relación a Jesús mismo. No nos pertenecemos, hemos sido comprados por un precio. Pertenecemos a *adonai* en espíritu, alma y cuerpo.

Adonai también representa al que dio dones y equipó a Sus siervos para el servicio. Nosotros, Sus siervos, debemos ser Su herencia, la porción y posesión de Su pueblo.

Jehová

El ser que existe absolutamente por sí mismo, posee vida eterna y permanente existencia; eterno e incambiable; existe por sí mismo; el Dios de revelación.

Jehová es conocido como el Dios que se expresa esencialmente por medio de los atributos morales y espirituales. *Jehová* revela Su amor, condicionándolo a los atributos morales y espirituales. *Jehová* posiciona al hombre bajo ciertas obligaciones morales con la advertencia de castigo por desobediencia.

Jehová deriba del verbo hebreo "havah" que quiere decir "ser o siendo". Es el nombre de Dios más frecuentemente usado en el Antiguo Testamento, aparece 6.833 veces.

Encontramos ocho nombres compuestos de Jehová en el Antiguo Testamento. Ellos eran utilizados cuando *Jehová* quería revelarse de una manera especial.

El orden en que los nombres compuestos de Jehová surgen en las Escrituras es hermoso y muy significativo. Hay una revelación de Jehová que va en progreso a medida que provee para cada una de las necesidades que van surgiendo, salvando, sosteniendo, fortaleciendo, santificando. El orden en que los ocho nombres hacen aparición, muestran que el propósito de *Jehová* es suplir las continuas necesidades físicas y espirituales del pueblo de Israel.

1. Jehová - Jireh   "La provisión de Jehová será vista"

Y respondió Abraham: Dios se proveerá de cordero para el holocausto, hijo mío. E iban juntos. Y llamó Abraham el nombre de aquel lugar, Jehová proveerá. Por tanto se dice hoy: En el monte de Jehová será provisto. *Génesis 22:8,14*

Definición: Será visto, será provisto, habilidad de ver en el futuro, vidente, profeta.

Jehová Jireh es una forma de ver que es diferente a la de Elohim, El que todo lo sabe. Esta forma de ver quiere decir prever, anticipar. Prever es el sustantivo de la acción "saber y conocer con anticipación lo que ha de pasar". Así que Dios prevé y luego provee. *Ciertamente él proveerá aquella necesidad que previno que existía.* Para Jehová prever y proveer son una misma cosa.

El nombre de *Jehová Jireh* surgió en la instancia en que Jehová proveyó el cordero que sustituyó a Isaac, a quien Dios había ordenado a Abraham que sacrificara en el altar. Este nombre representa la gran provisión de Dios para la redención del ser humano en el sacrificio de Su Hijo unigénito: Jesús. El es el Cordero de Dios que quita el pecado del mundo el cual fue ofrecido en el mismo lugar que Abraham había predicho: "En el monte de Jehová será provisto".

Jehova Jireh es para nosotros Aquel que provee el Cordero de Dios para el sacrificio de nuestra redención.

2. Jehová - Rofi   "Jehová sana"

E hizo Moisés que partiese Israel del Mar Rojo, y salieron al desierto de Shur; y anduvieron tres días por el desierto sin hallar agua. Y llegaron a Mara, y no pudieron beber las aguas de Mara, porque eran amargas; por eso le pusieron el nombre de Mara. Entonces el pueblo murmuró contra Moisés y dijo: ¿Qué hemos de beber? Y Moisés clamó a Jehová, y Jehová le mostró un árbol; y lo hechó en las aguas, y las aguas se endulzaron. Allí les dio estatutos y ordenanzas, y allí los probó; y dijo: Si oyeres atentamente la voz de Jehová tu Dios, e hicieres lo recto delante de sus ojos, y dieres oído a sus mandamientos, y guardares todos sus estatutos, ninguna enfermedad de las que envié a los egipcios te enviaré a ti; porque yo soy Jehová tu sanador.
Exodo 15:22-26

Definición: restaurar, sanar, curar en el sentido físico y espiritual.

El Señor Jesús consumó su ministerio al transformarse en *el árbol* que cambió las aguas amargas del ser humano, en aguas de vida. La enseñanza sobre Mara se cumple en Él pues Jesús es tanto el árbol como las aguas. El llevó nuestros pecados en el madero y es nuestro manantial de salvación. Solo Jesús "El árbol de la provisión de Dios" es el que purifica, endulza y sana las experiencias amargas de la vida. El es el que sana las enfermedades del cuerpo y del alma.

3. Jehová - Nisi "Jehová mi estandarte"

E hizo Josué como le dijo Moisés, peleando contra Amalec; y Moisés y Aarón y Hur subieron a la cumbre del collado. Y sucedía que cuando alzaba Moisés su mano, Israel prevalecía; más cuando él bajaba su mano, prevalecía Amalec. Y las manos de Moisés se cansaban; por lo que tomaron una piedra y la pusieron debajo de él, y se sentó sobre ella; y Aarón y Hur sostenían sus manos, el uno de un lado y el otro de otro; así hubo en sus manos firmezas hasta que se puso el sol. Y Josué deshizo a Amalec y a su pueblo a filo de espada. Y Jehová dijo a Moisés: Escribe esto para memoria en un libro, y dí a Josué que raeré del todo la memoria de Amalec de debajo del cielo. Y Moisés edificó un altar, y llamó su nombre Jehová-nisi; y dijo: por cuanto la mano de Amalec se levantó contra el trono de Jehová, Jehová tendrá guerra con Amalec de generación en generación. *Exodo 17:10-16*

Definicion: El Señor nuestro estandarte, un símbolo de liberación y salvación; la bandera de victoria sobre los conflictos de la vida.

La palabra estandarte es traduce como: insignia, mástil, bandera; para el pueblo judío esta palabra también significa milagro.

Era una señal para el pueblo de Dios de que volvieran a Él. Este estandarte se elevaba por Su causa, por Su batalla.

El estandarte de Jehová elevado en altó en las manos levantadas de Moisés, trajo victoria a su pueblo. Esto es lo que siempre se le asegura al pueblo de Dios, victoria sobre los poderes del mal y el enemigo de nuestras almas, cuando Su estandarte está sobre nuestra vida.

Isaías profetizó que una simiente iba a venir de la raíz de Isaí. Esta raíz es también una señal, un estandarte para su pueblo. La raíz de Isaí es Jesús, nacido de la simiente de David de acuerdo a la carne. Jesús es el estandarte de nuestra redención, bienestar y felicidad.

Con Jehová-Jesús, nuestro estandarte, podemos ir de fortaleza en fortaleza dándole gracias a Dios, "el cual nos lleva siempre en triunfo en Cristo Jesús..." *(2 Corintios 2:14).*

4. Jehová-Makkedesh "Jehová el que santifica"

Santificaos, pues, y sed santos, porque yo Jehová soy vuestro Dios. Y guardad mis estatutos, y ponedlos por obra. Yo Jehová que os santificó. *Levítico 20:7-8*

Definición: separar, santificar, reverenciar, dedicar, consagrar, ser santo.

El libro de Levítico explica cómo un pueblo redimido debería caminar en dignidad de acuerdo al llamado dado participando en la adoración espiritual que Jehová requiere de ellos. En relación con la moral y la pureza espiritual de Israel, este título *Jehová makkedesh* se repite muchas veces en el libro de Levítico.

En el Antiguo Testamento la palabra "santificar" era usada al apartar un mueble, un lugar, una persona y días con un motivo especial. El pueblo de Israel fue apartado para Dios y separado de todos los otros pueblos.

Jesús, desde el momento de su concepción, fue apartado por el Espíritu Santo siendo completamente santo, sin mancha y sin pecado. Jesús se convirtió en el sumo sacerdote y en Su amor redentor, fue hecho pecado por nosotros *(Lucas 1:35; 2 Corintios 5:21; Hebreos 4:15; 7:26).*

Jesús se tranformó en nuestra Santificación *(1 Corintios 1:30; Hebreos 10:10,14).*

Para esta santidad o estado de separación, hemos sido elegidos *(Efesios 1:4).* Santidad es una palabra positiva y activa. El pueblo de Dios debe practicar la santidad, como así también separarse en posición. Uno no tiene sentido sin el otro. Es el glorioso destino de la iglesia ser presentada santa y sin mancha al Señor.

5. Jehová-Salom   "Jehová es paz"

Viendo entonces Gedeón que era el ángel de Jehová, dijo: Ah, Señor Jehová, que he visto al ángel de Jehová cara a cara. Pero Jehová le dijo: Paz a ti; no tengas temor, no morirás. Y edificó allí Gedeón altar a Jehová, y lo llamó Jehová-Salom; el cual permanece hasta hoy en Ofra de los abiezeritas. *Jueces 6:22-24*

Definición: Paz, plenitud, algo que ha sido terminado, hacer algo bueno de algo que ya no servía, de lo que estaba perdido; bienestar, felicidad, satisfacción, perfecto, el deseo más profundo del corazón del ser humano. En el idioma hebreo también implica armonía en una relación con alguien, o la reconciliación basada en el finalizar una transacción, el pago de una deuda; dar un satisfacción.

Ofrenda de paz: Un sacrificio, el derramamiento de sangre que proveía expiación en el cual estaban basadas la reconciliación y la paz *(Levítico 3:7-11).* La paz se pierde por el pecado. Las ofrendas de paz restauraban la relación entre los hombres y Dios.

Jesús es el Príncipe de Paz que nos fue prometido en el Antiguo Testamento. Mientras Jesús caminaba en la tierra, predicó y prometió paz. Sanó, trajo consuelo y mandó a la gente que fuera en paz.

Jesús hizo la paz por nosotros por medio de Su sangre derramada en la cruz. Nuestra paz se mide de acuerdo a la habilidad que tenemos de seguir confiando en Él y también por medio de la santificación. La paz depende de la confianza y la obediencia. Si tenemos una manera carnal de pensar, nos va a faltar la paz. Dejemos que la paz reine en nuestros corazones *(Colosenses 1:20; 3:15; Filipenses 4:7,9)*. No hay paz estable fuera de Jesús, ya sea para las personas o las naciones.

6. Jehova-Tsikednu   "Jehová nuestra justicia"

He aquí que vienen días, dice Jehová, en que levantaré a David renuevo justo, y reinará como Rey, el cual será dichoso, y hará juicio y justicia en la tierra. En sus días será salvo Judá, e Israel habitará confiado; y éste será su nombre, el cual le llamarán: Jehová, justicia nuestra. *Jeremías 23:5-6*

Definición: Suministrar o ejecutar justicia en una forma correcta; justificar; declarar inocente, absolver culpa.

Tsedek: La raíz gramatical de esta palabra significa una medida o peso completo; de esta definición nace la palabra justicia o rectitud.

Israel debía caminar en rectitud delante de Dios y ofrecer sacrificios de rectitud poniendo su confianza en el Señor. Jehová que es perfectamente justo, no puede pasar por alto la falta de rectitud en el hombre "de ningún modo tendrá por inocente al culpable" (Números 14:18).

Fue profetizado por Isaías que "En Jehová será justificada y se gloriará toda la descendencia de Israel" (Isaías 45:25). Jesús es tanto la justicia para los judíos como para los gentiles y nos es otorgada como un don, un regalo gratuito adquirido por medio de la fe.

Jehová-tsikednú Describe el método y la medida de nuestra aceptación delante de Dios, limpiados en la Sangre del Cordero y vestidos con las ropas blancas de la justicia Suya quien es Jehová-Jesús.

7. Jehová-Sama   "Jehová está aquí"

En derredor tendrá dieciocho mil cañas. Y el nombre de la ciudad desde aquel día será Jehová-sama. *Ezequiel 48:35*

Definición: El Señor está presente, El Señor está aquí, Su plenitud habita en medio nuestro. El hace Su tabernáculo junto a nosotros. Su gloria es manifiesta entre nosotros.

Jehova-Sama es la promesa de que ese propósito se cumplirá en el descanso y gloria finales del hombre. Porque el fin del hombre es glorificar a Dios y gozar de Él para siempre.

La profecía de Ezequiel de esperanza y consolación, predice la restauración de la tierra y del pueblo en una medida mucho mayor de la que nunca hubieron experimentado en el pasado o que pudieran haber imaginado.

La singularidad de Israel había sido siempre que la presencia de Dios estaba en medio de ellos. La condición de Su continua presencia entre ellos era su fidelidad al pacto, a través del cual prometieron ser un pueblo santo para su Dios Santo.

La plenitud de la presencia de Jehová es nuestra esperanza y el fin de toda expectativa profética porque estamos esperando y deseando su aparición. Estamos buscando el nuevo cielo y la nueva tierra donde Su justicia habitará con nosotros para siempre.

8. Jehová-Roji "Jehová mi pastor"

Jehová es mi pastor; nada me faltará. *Salmo 23:1*

Definición: Compañero, amigo, para atesorar, nutrir o guiar, conducir, dirigir e instruir.

El título *Pastor* nos muestra que Dios puede condescender a una relación con criaturas mortales y pecadoras las cuales ha redimido. La relación que gozamos en Él es personal, de uno a uno, para nutrirnos y tenernos como Su herencia (*2 Samuel 7:8; Salmo 78:70-72*).

El pastoreo no ha cambiado mucho en Palestina. Un pastor palestino vive con sus animales día y noche estableciendo una verdadera intimidad con ellos. Llama a cada uno por su nombre y ellos, conociendo su voz y respondiendo sólo a su llamado, lo siguen. Al dormir en el corral está temporalmente protegiendo a sus ovejas de los ladrones y de los animales predadores que los devorarían de noche. Las ovejas presienten su preocupación por ellas y no tienen temor. El pastor provee pasto y agua para ellas aun en el desierto.

Si puede existir una intimidad tan tierna entre un hombre y sus ovejas, ¿cuánto más entre Jehová y el hombre el cual Él mismo creó? Qué acto maravilloso que Dios se ofreciera a Sí mismo para ser parte de esta relación.

Esto demuestra que estamos bajo la sombra protectora del amoroso cuidado de nuestro Padre, Su vigilante protección y Su fuerte defensa. El verdaderamente nos protege de todo mal. Él nunca dormita ni se duerme. Está apegado y consagrado a nosotros y protege nuestras vidas de los peligros y los escollos.

Dios es un Pastor intensamente personal. Él nos conoce individualmente.

Jesús es nuestro Buen Pastor que vino a guiarnos con ternura. A través de todo lo que hizo por nosotros, se ha transformado en nuestro Gran Pastor, siendo primero un cordero para de este modo entrar en una íntima relación con cada una de las experiencias y necesidades de las ovejas.

Parte IV

Guía para Oraciones Diarias

10

Oraciones diarias

Guía de uso diario

Este capítulo fue originalmente escrito para aquellos que interceden por misioneros, ministros, líderes espírituales y participantes del "Ministerio de Oración de Intercesores Internacionales". Estas oraciones no deben estar limitadas sólo a líderes, son fácilmente adaptables para ser usadas en su iglesia, familia y también por sus amigos.

Para cada día de la semana se han provisto diferentes tópicos de oración. Estas oraciones serán de gran ayuda para aquellos que comienzan su aventura en la oración, para aquellos que sienten la necesidad de una pequeña ayuda extra y para aquellos que son intercesores con gran experiencia. Puede usar una o todas las opciones; use el método que le resulte más eficaz.

Cada día de la semana tiene un énfasis diferente. Vamos a ver el día Domingo:

1. Si la oración es una forma de vida para usted, puede elegir el tema "Favor de Dios" y orar de la forma que el Espíritu Santo le guíe. O puede combinar ambos, el título y el subtítulo, usándolo de guía como "Favor de Dios, Revelación Espiritual, etc."

2. Si no se siente seguro y necesita dirección y guía, comience con los temas como "Favor de Dios, Revelación Espiritual, Unción, etc., usando cada uno de los puntos debajo del título.

3. Ya sea con o sin experiencia, encontrará gran valor en las oraciones escritas, las cuales están basadas en las Escrituras. Por ejemplo, el Domingo usted oraría: "Padre, te ruego que Tú le des al (Pastor Juan y María), su esposa, sabiduría y revelación para poder entender y conocer en profundidad quién eres Tú. Permite que sus ojos sean alumbrados e iluminados..." Las oraciones escritas son una guía, no una fórmula. Permítale al Espíritu Santo que le guíe por el camino que El desea orar a través Suyo.

Mientras ora, puede agregar Escrituras que se relacionen con los títulos y subtítulos. Quizá desee tomar nota en su diario de oración, o escribirlas a medida que las Escrituras se transformen en parte de sus oraciones.

Le sugerimos orar los temas cada día respetando el orden en el cual han sido escritos. El capítulo de oraciones diarias ha sido diseñado con el propósito de mantener un temario diario, para que así cada intercesor esté en unidad y armonía con otras personas que oran alrededor del mundo. Cada uno de nosotros unidos en un mismo propósito, derribaremos las fortalezas del enemigo y nuestro líderes caminarán en victoria.

Recuerde que la obra que tiene por delante será desafiante y constante. Sí, la intercesión es *trabajo, pero tiene recompensa divina.*

Esquema semanal y títulos para oraciones diarias

Domingo: Salmo 90:17   *Favor con Dios*

Lunes: Hechos 2:47   *Favor con el hombre*

Martes: Habacuc 2:2   *Visión pura*

Miércoles: 1 Tesalonicenses 5:23   *Espíritu, alma, cuerpo*

Jueves: Salmo 91   *Guerra espiritual y protección*

Viernes: Mateo 6:33   *Prioridades*

Sábado: Efesios 5:33-6:4   *Familia*

Domingo: Favor de Dios

I. Favor con Dios
Orar:

1.   Que los líderes caminen en el Espíritu agradando al Señor.
2.   Que sirvan a Dios con temor reverente y que se alegren con temblor *(Salmo 2:10-11)*.
3.   Que estén deseosos de obedecer la dirección de Dios.
4.   Que mantengan un espíritu abierto a la enseñanza.

II Revelación espiritual
Orar:

1.   Que el Espíritu Santo dé dirección y visión personal y enseñanza individual.
2.   Que el crecimiento en el conocimiento de Dios sea continuo.
3.   Por una revelación de la profundidad de Dios y conocimiento espiritual de Su Palabra.

III. Unción
Orar:

1.   Que el trabajo de los líderes sea un trabajo de calidad, que sea el mejor.
2.   Por fortaleza en la vida de los líderes, para que puedan estar firmes en aquellas pruebas de fuego por las cuales deban atravesar.
3.   Para que los líderes reciban y pongan en práctica los siete Espíritus del Señor, los cuales son: el espíritu de Jehová, de sabiduría, inteligencia, consejo, poder, conocimiento y temor de Jehová. Y que el temor reverente del Señor descanse sobre ellos.

4. Que sean fortalecidos en el hombre interior.

5. Que sean sensibles a la voz de Dios y que tengan un corazón y oídos espirituales.

6. Que adonde vayan hablen La Palabra con denuedo, sin temor o vergüenza.

7. Para que los dones del Espíritu fluyan por medio de los líderes: palabra de conocimiento, fe, sanidad y obrar milagros, profecía, discernimiento de espíritus, lenguas e interpretación de lenguas.

8. Que sean llenos de misericordia y compasión; que caminen en perdón y que tengan la capacidad de aconsejar a otros con la compasión y la gracia de Dios.

9. Que hablen y prediquen con una unción del Espíritu Santo tan grande que todos los inconversos al escuchar el mensaje del Señor lleguen al conocimiento de Cristo.

IV Santidad

Orar:

1. Atando todos los principados y potestades enviados a impedir (obstruir, frenar) que los líderes gocen de la comunión con Dios en su tiempo de oración y devocional junto a Él.

2. Que los líderes aparten un tiempo extenso para orar y tener comunión con Dios de una manera productiva y personal.

3. Que conozcan la profundidad del amor de Dios y que estén plantados en Él.

4. Que sean sensibles al corazón del Padre.

5. Que sean buenos administradores de dones, talentos y tiempo.

6. Que vivan vidas de fe, siempre confiando en el Señor.

7.   Que Jesús sea glorificado en su vida siendo un ejemplo que otros puedan imitar.

8.   Que caminen en santidad en cada área de su vida.

Oración del día domingo

Padre, en el Nombre de Jesús me acerco confiadamente al trono de la gracia para alcanzar así misericordia y hallar gracia para el oportuno socorro en este tiempo de necesidad en la vida de <u>(nombres)</u> *(Hebreos 4:16).*

Revelación de Dios

Padre, te ruego que Tú le des a <u>(nombres)</u> espíritu de sabiduría y revelación para poder entender y conocer la profundidad de quién eres Tú. Permite que sus ojos sean alumbrados e iluminados y que su corazón y su mente rebosen de luz para que conozcan cuál es la esperanza de su llamado y las riquezas de la gloria en la herencia que Tú le has dado. Haz que comprendan la increíble e inmensa grandeza de Tu poder, el cual no tiene límites para aquellos que creen en Ti, siendo este poder el mismo que Dios mostró con tanta fuerza y poder cuando resucitó a Cristo de entre los muertos y lo hizo sentar a Su diestra en los lugares celestiales *(Efesios 1:17-20).*

Y Padre, así como Tu siervo Moisés era fiel en toda Tu casa y Tú hablabas con él cara a cara; de la misma manera te ruego que <u>(nombres)</u> sean fieles a Tu casa y que Tú les hables cara a cara; haz que la comunicación entre ustedes sea fluída, directa y abierta, que no sea un lenguaje falto de claridad *(Números 12:7-8).*

Te ruego que <u>(nombres)</u> guarden Tus mandamientos y obedezcan Tu Palabra para que continúen permaneciendo en Tu amor y para que el Padre haga Su especial morada y Su lugar de hábitat en ellos; amándolos, mostrándose, revelándose y manifestándose a ellos en una manera nueva y fresca; permíteles verte claramente *(Juan 15:9-10; 14:22-23).*

Unción de Dios

Padre, te imploro que el Espíritu de sabiduría, el Espíritu de inteligencia y de entendimiento; el Espíritu de consejo, fuerza y poder, el Espíritu de conocimiento, de obediencia y del temor reverencial a Dios reposen sobre la vida de (nombres) *(Isaías 11:2).*

Te pido que (nombres) no sean insensatos, ni tampoco actúen a la ligera, tontamente o sin pensar sino que procuren entender y poner en práctica Tu perfecta voluntad, siendo alentados y llenos del fruto que el Espíritu Santo da: amor, gozo, paz, paciencia y amabilidad, bondad, fe y fidelidad, masedumbre, humildad y dominio propio. Te ruego Padre Celestial que (nombres) constantemente vivan según el Espíritu, permitiendo que El los controle, los guíe y dirija para que de esta manera no sean atraídos, ni busquen satisfacer los deseos propios de la carne, ni que tampoco caigan en la ley *(Efesios 5:17-18; Gálatas 5:22-23; 5:16-18).*

Padre, concede que la manifestación del Espíritu sea impartida a (nombres) por medio de: la palabra de sabiduría, la palabra de conocimiento, fe, don de sanidad, el obrar milagros, profecía, discernimientos de espíritus, diversos géneros de lengua e interpretación de lenguas *(1 Corintios 12:7-10).*

Te ruego que estas señales que dan testimonio de Ti, formen parte del ministerio de (nombres), pues ellos creen en ti.

En Tu nombre echarán fuera demonios; hablarán nuevas lenguas; tomarán en las manos serpientes y si (nombres) beben algo venenoso, no dañará su vida; además podrán las manos sobre los enfermos y éstos sanarán *(Marcos 16:17-18).*

Padre, te pido que a medida que (nombres) salgan a predicar y anunciar Tu mensaje por todas partes, los acompañes confirmando Tu palabra con prodigios y milagros *(Marcos 16:20).*

Padre, te ruego que la predicación de (nombres) no sea con palabras persuasivas o que traten de convencer, ni tampoco que expongan Tu mensaje influenciados por la sabiduría humana, sino que sea con la demostración de Tu Espíritu y Tu poder operando en ellos; para que la fe de los oidores dependa del poder de Dios y no de la sabiduría de los hombres *(1 Corintios 2:4-5)*.

Te ruego, Padre, que (nombres) retengan y sigan el modelo de sanas palabras, en la fe y en el amor que es en Tu Hijo Jesús. Abreles puertas para que puedan predicar Tu Palabra y para que puedan dar a conocer el misterio de Cristo; te pido que puedan expresarse libre, plena y claramente como es debido y que sus palabras estén siempre sazonadas con sal, llenas de gracia; dales Tu sabiduría para saber cómo contestar y responder a cada persona y a cada necesidad *(2 Timoteo 1:13; Colosenses 4:3,4,6)*.

Santidad

Padre, así como Aquel que los llamó es santo, te ruego que (nombres) sean santos en su forma de vivir y comportarse *(1 Pedro 1:15-16)*.

Te pido que (nombres) sean llenos del pleno conocimiento de Tu divina voluntad y que les des toda clase de sabiduría y entendimiento espiritual para que caminen y se conduzcan como es digno del Señor y de aquellos que le conocen, haciendo siempre lo que a Ti te agrada, dando toda clase de frutos de buenas obras y creciendo en el conocimiento de Dios. Te pido que con Tu glorioso poder permitas que (nombres) sean fuertes y que sean llenos del gran poder divino, para que así puedan soportar todo, con mucha fortaleza y paciencia, perseverando en Ti a pesar de las circunstancias adversas *(Colosenses 1:9-11)*.

Te pido que los instruyas, que les enseñes, que les hagas entender el camino que deben seguir y fijando Tus ojos en ellos, los aconsejes *(Salmo 32:8)*.

Favor con Dios

Te ruego que (nombres) pongan su confianza en Ti para así ser rodeados y envueltos en Tu amor y Tu misericordia. Haz que no pongan su confianza en el hombre, ni su fuerza en la carne sino que confíen y esperen en el Señor para ser bendecidos *(Salmo 32:10; Jeremías 17: 5,7)*.

Te ruego que (nombres) permanezcan firmemente fundamentados y plantados en la fe y que no sean apartados movidos de la esperanza del evangelio *(Colosenses 1:23)*.

Te pido que (nombres) permanezcan unidos a Ti y que Tus palabras permanezcan vivas en sus corazones para que al pedir lo que quieran en Tu nombre les sea hecho. Tú los has llamado y los has elegido para que lleven y den mucho fruto que sean duraderos y perdurables; rindiéntote a Ti gloria y honra demostrando de esta manera que son verdaderos discípulos y seguidores tuyos *(Juan 15:7,8,16)*.

Te pido, Padre, que (nombres) sigan edificándose firmemente en su santa fe; que continúen orando guiados por medio de la fuerza y el poder del Espíritu Santo; conservándose en el amor de Dios, esperando en la misericordia del Señor Jesús que es para vida eterna *(Judas 20-21)*.

Y que Tú puedas fortalecerlos y afirmarlos según el evangelio y la predicación de Jesucristo y la revelación del misterio que se ha mantenido oculto desde los tiempos eternos, pero ahora se ha dado a conocer por las Escrituras de los profetas, según el mandamiento del Dios eterno. Este secreto del plan de Dios se ha dado a conocer a todas las naciones para que crean y obedezcan. Al único sabio Dios sea la gloria y la honra mediante nuestro Señor Jesucristo. Amén *(Romanos 16:25-27)*.

Lunes: Favor ante los ojos del hombre

I.   **Favor ante la congregación y todos aquellos que son ministrados por los líderes.**

Orar:

1.   Que las personas tengan un espíritu abierto a la enseñanza y corazones receptivos.

2.   Que crezcan y se desarrollen hasta ser sabios y fuertes.

3.   Que sean un apoyo y un respaldo; que respondan a los líderes con amor, con oraciones, impartiendo aliento y apoyándolos en las finanzas.

4.   Que toda persona con intenciones engañosas sea alejada de ellos.

5.   Que las personas no sean seguidoras de tradiciones.

6.   Que estén abiertas al nuevo mover del Espíritu Santo.

7.   Que sean sensibles a las necesidades económicas, y espirituales del líder, del ministerio, y que los apoyen.

8.   Que el chisme, el engaño y la incredulidad sean quitados de en medio de ellos.

9.   Que el avivamiento comience a fluir en la vida de los miembros de la iglesia, la comunidad, las provincias o estados y la nación.

10. Que Dios envíe a sus ángeles administradores para que los guarden y los protejan.

II Por los que sirven en el ministerio

Orar:

1.   Que estén en unidad y en armonía con el Espíritu Santo para obtener dirección, siendo de apoyo el uno para el otro.

2. Que estimen a los demás como a mayores que a sí mismos.

3. Que se comuniquen y expresen claramente; que no haya malos entendidos.

4. Que ninguna arma labrada en contra de ellos prospere.

5. Que todos sirvan unidos como un buen equipo.

6. Que sean honestos en las relaciones que comparten entre ellos.

7. Que sean fieles al compromiso entre ellos, a la congregación y al ministerio.

III. **Por la relación de los líderes y aquellos que sirven junto a ellos.**

Orar:

1. Que se comuniquen y expresen claramente y que no haya malos entendidos.

2. Que los líderes tengan la capacidad de transmitir la "visión" que Dios les ha dado a las personas que los rodean.

3. Que el líder pueda relacionarse con cada uno de ellos en sabiduría, entendimiento y sensibilidad.

4. Que Dios le imparta al líder la unción necesaria para el trabajo que debe desarrollar.

5. Que el líder sea un pacificador.

6. Que Dios le dé espíritu de sabiduría, entendimiento, conocimiento, consejo, fuerza, obediencia y un temor reverente al Señor *(Isaías 11:2)*.

7. Que cada colaborador, ujier y ayudante cumpla el trabajo que le ha sido asignado.

IV. Por los que no son salvos.

Orar:

1. Que los líderes testifiquen en una forma efectiva a aquellos que no son salvos.

2. Que no tengan vergüenza, sino valentía en testificar acerca de Jesús.

3. Que Dios prepare de antemano los corazones de aquellos que van a escuchar el Evangelio.

4. Que las personas a quienes testifiquen o prediquen sean salvas y llenas del Espíritu Santo.

5. Que Satanás no arrebate la Palabra de Dios que ha sido plantada en sus corazones.

V. Por el gobierno

Orar:

1. Por dirección y sabiduría para los líderes gubernamentales.

2. Que ellos reconozcan que están en las manos del Señor, y que es El quien los dirige hacia donde El desea *(Proverbios 21:1)*.

3. Para que sus corazones estén abiertos a recibir la Palabra de Dios y la salvación en Cristo Jesús.

4. Que las leyes de la nación sean establecidas sobre principios honestos y bíblicos.

5. Que los ojos del entendimiento sean abiertos a la verdad de la Palabra de Dios.

6. Que haya avivamiento en las oficinas gubernamentales y que ninguna semilla plantada sea robada o removida.

7. Que Dios ate toda clase de violencia y espíritus anticrísticos en todos los niveles gubernamentales.

8. Que Dios eche fuera de ellos todos los poderes del enemigo que les están impidiendo el oír y responder al Evangelio. Que desate de sus vidas toda clase de dioses falsos, tradiciones ancestrales y cualquier otra clase de espíritus que los estén frenando a recibir el Evangelio completo de Cristo Jesús.

Oración del día lunes
Gobierno

Padre, vengo a Ti en el Nombre de Jesús a elevar ante Tu trono la vida de los líderes y las autoridades del país en el cual (nombres) viven y ministran; para que ellos puedan gozar de una vida en quietud, reposada, en paz, en toda dignidad y honestidad porque esto es bueno y agradable delante de Ti, pues es Tu deseo que todo hombre sea salvo y llegue al conocimiento de la verdad *(1 Timoteo 2:1-4)*.

Te ruego, Padre, que los gobernadores y líderes que se encuentran en posiciones de autoridad y liderazgo, no infundan temor al que hace el bien sino al que hace el mal; haz que estos líderes se transformen en Tus ministros y sean quienes tomen venganza en Tu lugar ejecutando Tu justicia sobre aquellos que hacen lo malo *(Romanos 13:3)*.

Oh Dios, concede a los líderes el conocimiento de Tu forma de juzgar para que puedan hacerlo como Tú lo harías. Imparte Tu justicia y rectitud para que ellos controlen sus acciones. Haz que juzguen y gobiernen a Tu pueblo con rectitud y a los pobres y afligidos con justicia. Te pido que a causa del buen gobierno de estos líderes las montañas y las colinas florezcan en prosperidad trayendo paz y justicia sobre Tu pueblo. Haz que estos gobernantes juzguen, defiendan (liberen) y salven a los necesitados aplastando al opresor y al explotador; que tengan temor de Ti mientras la luna y el sol existan. Te ruego que estos líderes se hagan cargo del desvalido, del pobre que suplica y del necesitado cuando

180 Guía para oraciones diarias

clame por ayuda. Te ruego que se apiaden del débil y del menesteroso; que tengan compasión de los humildes, que los rescaten, que los salven del opresor y de la violencia porque su vida es de gran valor para Ti, oh Dios *(Salmo 72:12-14)*.

Te pido que continuamente se realicen oraciones y rogativas por los líderes del gobierno y que los hombres sean bendecidos por medio de Ti y que todas las naciones te llamen bendito *(Salmo 72:15,17)*.

Padre, Te ruego que alejes de en medio de los líderes y autoridades aquellos hombres que son perversos y corruptos para que su gobierno sea establecido y afirmado en justicia porque el enaltecimiento y el ensalzamiento no viene del este, del oeste ni del sur, sino que Tú eres el juez que a unos humillas y a otros exaltas. Te pido que los gobernadores sean rodeados de consejeros sabios y rectos que amen el amor y la paz *(Proverbios 25:5; 12:20; Salmo 75:6-7)*.

Padre, Te ruego que estos líderes gubernamentales que se encuentran en posiciones de autoridad no deseen beber bebidas fuertes ni vino, pues al hacerlo podrían olvidarse de la ley y así violar los derechos de los humildes. Te ruego que no acepten soborno en secreto (en lo íntimo), lo cual desviará (pervertirá) el curso de la justicia sino que afirmen su país por medio de la rectitud (justicia) no permitiendo que por causa de un soborno sean derrocados *(Proverbios 31:4-5; 17:23; 29:4)*.

Señor, el consejo Te pertenece, el juicio, la fuerza y el entendimiento Tuyos son. Gracias a Ti reinan los reyes y los gobernadores establecen y determinan justicia. Por medio de Ti dominan los príncipes y jefes de estado, las autoridades dictan sentencias y los gobernadores juzgan la tierra. Te ruego que estos líderes gubernamentales y estos hombres en autoridad te busquen diligentemente, y que al hacerlo te encuentren *(Proverbios 8:14-17)*.

Aquellos que no son salvos

Padre, habiendo pasado por alto los tiempos de (esta) ignorancia, ahora declaras a todos los hombres en todas partes que deben arrepentirse, volverse a Ti, por cuanto has fijado y establecido el día en que juzgarás al mundo con justicia por medio de Cristo Jesús, a quien escogiste dando prueba de ello cuando lo resucitaste de entre los muertos *(Hechos 17:30-31).*

Padre, Tú no te tardas en cumplir Tu promesa, como algunos suponen sino que eres paciente con nosotros pues no quieres ni deseas que nadie se pierda ni muera sino que todos se vuelvan a Dios y se arrepientan. Porque el Hijo del Hombre vino a buscar y a salvar aquello que se había perdido. Padre, Tú dijiste: aceptaré misericordia y no sacrificio porque no he venido a llamar a los buenos y justos, sino a pecadores al arrepentimiento *(2 Pedro 3:9; Lucas 19:10; Mateo 9:13).*

Padre, de acuerdo a lo que Tu Palabra declara te pido por los paganos como herencia de (nombres) y como posesión para ellos, los confines de la tierra *(Salmo 4 2:8).*

Te ruego que los pecadores que sean ministrados por (nombres) se arrepientan de sus obras muertas, de la fe en Dios; haz que se aparten de toda inmundicia, impureza y malicia y que acepten humildemente el mensaje que se ha sembrado en sus corazones, pues este mensaje tiene poder para salvarlos *(Hebreos 6:1; Santiago 1:21).*

Te pido que derrames sobre los pecadores que van a ser ministrados por (nombres) espíritu de gracia y de oración para que puedan ver al que traspasaron. Ruego que Tu espíritu de verdad los convenza de pecado, justicia y juicio. De pecado, por cuanto no creen en Ti; de justicia, pues Jesús ha vuelto a Ti; y que los convenza de juicio pues el príncipe de este mundo ya ha sido juzgado *(Zacarías 12:10; Juan 16:9-11,13).*

Gracias Padre, porque Tú puedes salvar para siempre a los que se acercan a Ti por medio de Jesús, pues Él vive para siempre para interceder ante Ti por aquellos que no te conocen. Te ruego que ellos reciban el Espíritu de adopción (hijos) por el cual claman: *"¡Abba padre!"*. Y te pido que el mismo Espíritu Santo dé testimonio a sus espíritus, de que son hijos de Dios *(Hebreos 7:25; Romanos 8:15-16)*.

Aquellos que desean ministrar

Te ruego, Padre, que le abras una puerta a (nombres) para que la Palabra y el mensaje de Cristo sea predicado; te pido que lo manifiesten como deben hacerlo, en una forma plena y clara *(Colosenses 4:3-4)*.

Te imploro que (nombres) se conduzcan sabiamente con aquellos que no te conocen y que sepan cómo utilizar y aprovechar bien su tiempo. Te ruego que sus conversaciones sean siempre agradables, de buen gusto, con gracia y sensatez, como sazonados con sal; también te ruego que sepan cómo responder a cada persona y cada situación *(Colosenses 4:5-6)*.

Te pido Padre que aquellos a quienes se les ministre, permanezcan fundados y firmes en la fe, que no sean apartados de la esperanza del evangelio que han oído. Santifícalos en Tu verdad; pues Tu palabra es verdad *(Colosenses 1:23; Juan 17:17)*.

Haz que el mensaje de la Palabra del Señor corra y que Él sea glorificado. Te ruego que los que son ministrados, como así también (nombres) sean librados de los hombres malos y perversos porque no todos tienen fe. Gracias Padre porque Tú eres fiel y los guardas y proteges de todo ataque del diablo y del mal *(2 Tesalonicenses 3:1-3)*.

Te pido que los corazones de aquellos que son ministrados sean consolados, animados y que permanezcan unidos en amor; enriquecidos con el entendimiento que les permita conocer y comprender el misterio de Dios que es Cristo mismo, en quien están escondidos todos los tesoros de la sabiduría y del conocimiento *(Colosenses 2:2-3)*.

Liderazgo - personal

Padre Celestial, te agradezco porque ningún arma forjada encontra de (nombres) de sus compañeros de trabajo (de los que sirven a Dios a su lado) de su familia o del ministerio va a prosperar y condenarás toda lengua que se levante encontra de ellos en juicio; ésta es la herencia de los siervos del Señor. Esta es la bendición que el Señor les ha dado *(Isaías 54:17)*.

Padre, puesto que (nombres) han resucitado a una nueva vida con Cristo, te pido que fijen la mirada y busquen las cosas del cielo donde Cristo está sentado a la diestra de Dios. Haz que el cielo sature sus pensamientos y no pierdan el tiempo en las cosas del mundo. Después de todo, ellos están muertos y a los muertos no les importa este mundo. Su verdadera vida está en el cielo con Cristo y Dios. Ellos han muerto y ahora su vida está escondida con Cristo en Dios *(Colosenses 3:1-3)*.

Te pido que (nombres) vivan en armonía, unidos por un mismo amor, por un mismo espíritu y por un mismo propósito. Haz que se conduzcan como es digno de la vocación a la cual fueron llamados; con toda humildad, mansedumbre (amables), con paciencia, y que por amor toleren las faltas de los que los rodean siendo siempre solícitos y diligentes en guardar la unidad del Espíritu en el vínculo de la paz; perdonándose unos a otros, de la misma manera que Cristo los perdonó. Te ruego que para nadie sean causa de tropiezo para que el ministerio no sea vituperado, sino que en todo den muestra que son hijos y ministros de Dios *(Filipenses 2:2; Efesios 4:1-3; Colosenses 3:13; 2 Corintios 6:3-4)*.

Te ruego que todo lo que el personal realice o lleve a cabo sea hecho como para el Señor y no para los hombres; sabiendo que del Señor reciben la recompensa de la herencia, porque a Cristo el Señor sirven *(Colosenses 3:23-24)*.

Favor - gracia

Porque Tú, oh Dios, bendecirás al justo; como con un escudo lo rodearás de Tu favor, de Tu gracia y buena voluntad *(Salmo 5:12)*.

Padre, Te ruego que Tus siervos no se aparten de la misericordia, la verdad, y el amor, haz que se despojen de todo odio, egoísmo, hipocresía y falsedad. Te pido que aten la misericordia, la verdad y el amor a su cuello escribiénlos en las tablas de su corazón, para así hallar favor, buen aprecio y alta estima ante Tus ojos y ante los ojos de los hombres *(Proverbios 3:3-4)*.

Padre, Te pido que cuando (nombres) sean consultados en todo asunto de sabiduría e inteligencia, sus consejos sean hallados diez veces más sabios que aquellos otorgados por otros *(Daniel 1:20)*.

Martes: Por una visión clara

I La visión
Orar

1. Que Dios haga clara Su visión para este ministerio y para los líderes que forman parte de él.

2. Que les otorgue paciencia para esperar hasta que la visión pueda ser alcanzada.

3. Que provea los medios para financiar la visión.

4. Que un "muro de fuego" proteja la visión (Zacarías 2:5).

5. Que sean enviados colaboradores o ayudantes para poder llevar a cabo la visión.

6. Que los líderes hagan guerra espiritual en contra de los ataques que el enemigo haya planeado para frenar o detener la visión, a fin de que no sea alcanzada en el tiempo planeado por Dios.

7. Que sea frenada la lengua de aquellos que estén hablando o murmurando en contra de la visión.

II Sabiduría y revelación
Orar:

1. Que el Espíritu Santo continuamente esté revelando a los líderes los misterios escondidos del conocimiento de Cristo.

2. Que tengan un claro discernimiento para diferenciar entre la sabiduría divina y la sabiduría humana.

3. Que tengan un espíritu abierto a la enseñanza.

4. Que no dependan de las experiencias del pasado, sino que antes de tomar una decisión busquen una nueva y fresca sabiduría y revelación.

III. Intenciones del corazón
Orar:

1. Que sus intenciones sean purificadas por Dios al pasar tiempo en oración.
2. Que estén abiertos a que Dios les dé corazones puros.
3. Que Dios continuamente esté renovando sus pensamientos y que cree un espíritu recto dentro de ellos.
4. Que cualquier motivo impuro o pensamientos maquinados en tinieblas sean traídos a la luz y tratado como Cristo lo hubiese hecho.
5. Que tengan discernimiento para reconocer las malas intenciones y sabiduría, conocimiento y disciplina para corregirlas.

IV Guía y dirección
Orar:

1. Para que dependan sola y únicamente de Dios como Su guía; tanto en su tiempo de oración, como en las decisiones que tengan que tomar durante el transcurso del día.
2. Para que estén rodeados de personas consagradas a Dios, que les puedan otorgar un consejo del Señor en los momentos de necesidad.
3. Que Dios dirija y guíe sus pasos.

Oración del día martes
Entendimiento
Padre, vengo delante de Tu presencia a interceder por (nombres). Te agradezco por estas preciosas vidas que Tú has dado al cuerpo de Cristo *(Efesios 1:16; 4:8)*.

Te doy gracias Padre, que Tu Hijo, vino y dio a (nombres) el entendimiento para conocerte a Ti, que eres el verdadero *(1 Juan 5:20)*.

Te agradezco que Tu sabiduría está presente en medio de aquellos que tienen entendimiento y al buscar de Ti, (nombres) entienden todas las cosas. Pues eres Tú quien otorgas sabiduría y de Tu boca proviene el conocimiento y el entendimiento *(Proverbios 17:24; 28:5; 2:6)*.

Te ruego que sean de un pronto entendimiento y que su deleite sea en el reverente y obediente temor de Dios. Permite que (nombres) no juzguen sólo por las apariencias o por lo que sus ojos han visto, ni tampoco que den sentencia fundamentada en rumores o en lo que han escuchado; sino que con justicia juzguen a los débiles y defiendan los derechos de los pobres. Haz que sus palabras sean como una vara para castigar al violento y a los opresores y que con el soplo de su boca hagan morir al malvado, siendo siempre el cinto de sus lomos la justicia y el ceñidor de sus cinturas la fidelidad *(Isaías 11:3-5)*.

Sabiduría

Padre, gracias porque (nombres) tienen la unción de quien es Santo y conocen todas las cosas *(1 Juan 2:20)*.

Gracias a Ti, ellos están en Cristo Jesús El cual ha sido hecho para ellos, por medio de Dios, sabiduría, justificación, santificación y redención *(1 Corintios 1:30)*.

Padre, Te ruego que (nombres) sean sabios y entendidos, y que lo demuestren con su buena conducta en sabia mansedumbre la cual procede de lo alto: siendo ésta primeramente pura, después pacífica, amable, benigna, llena de misericordia, llena de buenos frutos sin incertidumbre ni hipocresía. Te pido que (nombres) procuren la paz; sembrando en paz para recoger como fruto la justicia *(Santiago 3:13, 17-18)*.

Te ruego que en su tiempo reinen la sabiduría y el conocimiento, abundancia de salvación y que el temor del Señor sea su tesoro *(Isaías 33:6)*.

Guía y dirección

Padre Te pido que (nombres) confíen en Ti de todo corazón, y que no se apoyen en su propia inteligencia o entendimiento. Te ruego que te reconozcan en todos sus caminos para que Tú endereces sus veredas. Porque Tú, Padre, guías a los humildes por el camino del juicio y enseñas a los mansos Tus sendas *(Proverbios 3:5-6; Salmo 25:9)*.

El hombre no es señor de sus caminos, ni del hombre que camina el ordenar sus pasos. Los pasos de (nombres) son ordenados y dirigidos por Ti, Padre; y Tú apruebas sus caminos *(Jeremías 10:23; Salmo 37:23)*.

Muéstrales y hazles conocer Tus caminos; enséñales Tus senderos. Enséñales, encamínalos y guíalos a Tu verdad porque Tú eres el Dios de su salvación; en Ti esperan todo el día *(Salmo 25:4-5)*.

Gracias Padre, porque Tú les enseñas provechosamente a (nombres) lo que es para su bien y los encaminas por el camino que deben seguir *(Isaías 48:17)*.

Iluminación - instrucción

Señor de Gloria, te pido que les des a (nombres) Tu Espíritu de sabiduría y revelación en el completo conocimiento de Ti, (de quién eres Tú) y que los ojos de su corazón sean alumbrados e iluminados para que sepan cuál es la esperanza a la cual han sido llamados, y cuán gloriosa y rica es la herencia que Tú otorgas a los que pertenecen a Tu pueblo, y cuál la supereminente grandeza de Tu poder para aquellos que creen en Ti *(Efesios 1:17-19)*.

Y Padre, te ruego que Tú les des a conocer a (nombres) el misterio de Tu voluntad, según el plan que has trazado y te has propuesto llevar a cabo en su vida *(Efesios 1:9)*.

Voluntad y visión divinas

Padre, te pido que Tus siervos sean llenos de Tu pleno conocimiento y les des toda clase de sabiduría y entendimiento espiritual, así podrán conducirse como es digno del Señor, haciendo siempre lo que a Ti te agrada, dando buenos frutos en toda clase de buenas obras llegándote a conocer mejor *(Colosenses 1:9-10)*.

Padre, te ruego que tengas a (nombres) como dignos de Tu llamamiento y que los ayudes, por medio de Tu poder, a cumplir sus ardientes deseos de hacer el bien para que al ver en ellos tales resultados, el nombre de nuestro Señor Jesucristo sea glorificado y honrado, siendo glorificados ellos también por ser parte Tuya *(2 Tesalonicenses 1:11-12)*.

Padre, haz que (nombres) lleguen a conocerte de una manera tan íntima que al escuchar Tu voz la reconozcan y obedezcan. Pues Tú llamas a cada uno por su nombre y los guías. Te ruego que ellos te sigan, porque saben reconocer Tu voz; no permitas que en ninguna situación sigan los pasos de un extraño, al contrario, que huyan de él, porque no reconocen su voz ni su llamado *(Juan 10:3-5)*.

Ministerio

Precioso Padre, te pido que (nombres) anuncien en una forma completa el mensaje de la Palabra de Dios, es decir, el misterio que había estado oculto desde los siglos; pero que ahora ha sido manifestado a los santos; a quien Tú quisiste dar a conocer las riquezas de la gloria de este misterio entre los gentiles, pues es Cristo en ellos, la esperanza de gloria *(Colosenses 1:25b-27)*.

Y también te pido, Padre, que (nombres) anuncien a Cristo, aconsejando y enseñando a todo hombre en toda sabiduría a fin de presentar perfecto en Cristo Jesús a todo hombre, luchando según la potencia de El, la cual actúa poderosamente en (nombres) *(Colosenses 1:28-29).*

Te ruego que les des palabras tan llenas de sabiduría que ninguno de sus enemigos pueda contradecirlos o resistirlos en nada *(Lucas 20:25, 26).*

Pensamientos, intenciones y renovación de la mente

Padre, Te pido que (nombres) no imiten la conducta y las costumbres de este mundo, al contrario, que por medio de la renovación del entendimiento cambien su manera de pensar, para que así cambie su manera de vivir y lleguen a conocer la voluntad de Dios, es decir, lo que es bueno, lo que le es grato, lo que es perfecto. Destruyendo fortalezas, derribando argumentos y toda altivez que se levanta y exalta en contra del conocimiento de Dios, llevando cautivo todo pensamiento a la obediencia a Cristo *(Romanos 12:2; 2 Corintios 10:4-5).*

Padre, que (nombres) piensen en todo aquello que es verdadero, honesto, justo, puro, amable; en todo aquello que es de buen nombre y si hay alguna virtud o algo digno de alabanza, que en esto mediten *(Filipenses 4:8).*

Crea en ellos un corazón limpio y renueva un Espíritu recto dentro de ellos. No apartes, o eches de delante de Ti a (nombres) y no quites de ellos Tu Santo Espíritu; hazles sentir nuevamente el gozo de Tu salvación y un espíritu noble los sustente para que enseñen a los trangresores (rebeldes) tus caminos y los pecadores se conviertan a Ti *(Salmo 51:10-13).*

Miércoles: Espíritu, alma y cuerpo

I Salud

Orar:

1. Por salud divina en el área física, mental y emocional.
2. Que todo sentir de cansancio y desaliento sea quitado de su mente y de su cuerpo.
3. Que los líderes reconozcan la necesidad de tomar cuidado de su cuerpo físico y de tener el descanso apropiado.
4. Por sabiduría y control en los hábitos alimenticios. (Que sean liberados de la compulsión en el comer).
5. Que tengan tiempo para realizar ejercicios físicos.
6. Que tengan la fuerza necesaria para cumplir con la tarea asignada.

II Apariencia

Orar:

1. Que conserven el brillo radiante que da Jesús.
2. Que su impecable apariencia, sus acciones educadas y su forma correcta de expresarse y actuar sean un testimonio que atraiga a otros al Señor.

III Actitudes

Orar:

1. Que sus actitudes sean impregnadas de los frutos del Espíritu *(Gálatas 5:22-23)*.
2. Que tengan actitudes firmes, pero que agraden en gracia y que aprendan cuándo y cómo decir que "no".
3. Que sean llenos de compasión y misericordia.

4. Que tengan el deseo de ser pacificadores y de restaurar las relaciones que han sido dañadas.

5. Que estén sometidos a Dios por completo en cada área de su vida.

6. Que reine un espíritu de unidad y que no haya competencia.

7. Que tengan humildad en lugar de una actitud de superioridad.

8. Que haya cooperación en lugar de una actitud defensiva.

9. Que tengan discernimiento para reconocer en su vida actitudes que no son correctas y tener la valentía de corregirlas inmediatamente.

IV Integridad física y espiritual
Orar:

1. Que los líderes practiquen la fe, la paz, la justicia y el amor.

2. Que los líderes reúsen caer en especulaciones ignorantes y necias.

3. Que los líderes estén dispuestos a seguir a Jesús, más allá de lo que tengan que sacrificar.

4. Que los líderes se alimenten de la Palabra diariamente, meditando en los preceptos de Dios.

5. Que los líderes tengan una diaria comunión con el Señor por medio de la oración.

Oración del día miércoles
salud

Gracias Padre, por las vidas de (nombres), y en el Nombre de Jesús vengo delante de Tu presencia a elevar sus peticiones y sus ruegos.

Gracias por enviar Tu Palabra, que es el Señor Jesús, y sanar a (nombres) y librarlos de la ruina. Te alabo por Tu misericordia, Tu amor y por Tus maravillas para con ellos. Te pido que ofrezcan sacrificios de gratitud y hablen con alegría de Tus hechos y de Tus obras *(Salmo 107: 20,22)*.

Padre, Te ruego que (nombres) den atención a Tus palabras y que inclinen sus oídos a Tus razones; permite que ellas no se aparten de sus ojos y que las guarden en su corazón; porque son vida para aquellos que las hallan y medicina a todo su cuerpo *(Proverbios 4:20-22)*.

Gracias, Padre, que a medida que Te sirven, Tú bendecirás su pan, su agua y quitarás toda enfermedad de en medio de ellos *(Exodo 23:25)*.

Te ruego que sus almas Te bendigan Señor y que no se olviden de ninguno de Tus beneficios, porque Tú perdonas todas sus iniquidades y sanas todas sus dolencias; eres quien rescata del hoyo su vida y los coronas de amor, ternura, favores y misericordias; los satisfaces de lo mejor de modo que se rejuvenezcan como el águila. Pues sólo Tú juzgas con verdadera justicia a los que sufren violencia *(Salmo 103:2-6)*.

Padre Celestial, gracias que el mismo Espíritu que levantó a Jesús de entre los muertos mora en (nombres) y porque Tú has levantado de entre los muertos a Jesús y vivificarás sus cuerpos mortales por medio de Tu Espíritu el cual mora en ellos *(Romanos 8:11)*.

Te agradezco que Cristo mismo llevó en Su cuerpo sus pecados en la cruz del Calvario, para que (nombres) mueran al pecado y vivan una vida de rectitud; pues Cristo fue herido para que ellos sean sanados *(1 Pedro 2:24)*.

Gracias Padre porque Cristo redimió la vida de (nombres) de la maldición de la ley siendo hecho Jesús objeto de maldición por causa de ellos; pues escrito está: "Maldito todo aquel que es colgado de un madero". Esto sucedió para que la bendición que Tú prometiste a Abraham alcance también, por medio de Cristo Jesús, a los judíos, y por medio de la fe reciban todos el Espíritu que has prometido. Gracias, Padre, que (nombres) son de Cristo y son herederos de Abraham y de las promesas que Tú le hicistes a él *(Gálatas 3:13-14,29)*.

Apariencias

Oh Padre, Cristo amó tanto a (nombres) que se entregó así mismo por ellos para santificarlos y consagrarlos por medio del lavamiento del agua por la palabra; a fin de presentarlos como una iglesia gloriosa, sin arruga ni mancha, consagrada, inmaculada y perfecta *(Efesios 5:25b- 27)*.

Te ruego, Padre, que todo lo que (nombres) realicen o digan, lo hagan en el Nombre del Señor Jesús, dándote gracias por medio de El *(Colosenses 3:17)*.

Gracias Padre porque (nombres) han sido vestidos y cubiertos en justicia y la rectitud es como un manto y una diadema en su vida *(Job 29:14)*.

Te pido que se revistan de fuerza, dignidad y humildad unos hacia otros, pues Tú te opones a los orgullosos pero das gracia a los humildes. Te ruego que (nombres) se humillen bajo Tu poderosa mano para que sean exaltados a su debido tiempo, echando todas sus ansiedades, problemas y preocupaciones sobre Ti, pues Tú cuidas y Te interesas por ellos *(Proverbios 31:25a; 1 Pedro 5b-6)*.

Padre, Te pido que nadie desprecie la vida de (nombres) sino que ellos sean ejemplo para los creyentes en su modo de hablar, de comportarse, en el amor, en la fe y la pureza de vida *(1 Timoteo 5:22)*.

Te ruego, Padre, que (nombres) se abstengan y aparten de toda clase de mal *(1 Tesalonicenses 5:22)*.

Integridad física y espiritual

Padre Celestial, te imploro que (nombres) se ejerciten espiritualmente y en la devoción a Ti, pues aunque el ejercicio corporal sirve para algo, el ejercicio espiritual y la devoción a Dios es de vital importancia pues trae provecho para esta vida y la venidera *(1 Timoteo 4:7-8).*

Padre, te agradezco que los cuerpos de (nombres) son el templo del Espíritu Santo y El mora en ellos, pues Tú los has comprado con un precio. Haz que Te glorifiquen en su cuerpo y en su espíritu los cuales Tuyos son *(1 Corintios 6:19-20).*

Te ruego que en ninguna manera (nombres) destruyan o profanen Tu templo, pues el Templo de Dios es santo y ellos son Tu pueblo *(1 Corintios 3:16-17).*

Te agradezco Padre, porque (nombres) forman parte del edificio el cual va levantándose en todas y cada una de sus partes hasta llegar a ser un templo consagrado y santo en el Señor y al estar unidos a Cristo se unen ellos entre sí para llegar a ser un templo en el cual Tú moras por medio de Tu Espíritu *(Efesios 2:21-22).*

Padre, Te ruego que (nombres) sean limpiados de todo lo malo, y sean instrumentos para honra, santificados y útiles al Señor para llevar a cabo sus más elevados propósitos (toda buena obra). Te pido que huyan de las pasiones juveniles, de las cosas que suelen traer malos pensamientos y que se apeguen a lo que provoque en ellos el deseo de hacer el bien siguiendo la justicia, la rectitud, la fe, el amor y la paz, disfrutando el compañerismo de los que aman a Dios y tienen un corazón puro. Te ruego que no hagan caso de las discusiones, pues éstas traen disgustos *(2 Timoteo 2:21-23).*

Actitudes

Gracias Padre porque (nombres) fueron llamados a ser libres, pero Te ruego que no usen su libertad para hacer lo malo sino para servirse el uno al otro por amor. Pues toda la ley se resume en este solo mandamiento "ama a tu prójimo como a ti mismo" *(Gálatas 5:13-14).*

Te ruego, Padre, que (nombres) olviden lo que queda atrás y que se esfuercen por alcanzar lo que está delante para llegar a la meta y ganar el premio que Tú los llamas a recibir por medio de Cristo Jesús, y Padre, si en alguna manera piensan de otro modo, Te ruego que se los reveles *(Filipenses 3:13-15)*.

Te imploro que (nombres) no hagan nada por rivalidad, vanagloria o orgullo, sino con humildad; considerando a los demás como mejores que ellos mismos. Haz que no sólo se interesen por lo suyo, sino que también busquen el bien de otros y te ruego que haya en ellos el mismo sentir que hubo en Cristo *(Filipenses 2:3-5)*.

Bendiciones

Padre, Te pido que bendigas, guardes y protejas las vidas de (nombres). Haz resplandecer Tu rostro sobre ellos, muéstrales Tu favor, Tu misericordia y Tu paz *(Números 6:24-26)*.

Permite que Tu amor, Señor, crezca y sobreabunde en ellos y para con otros, siendo sus corazones afirmados, puros, santos e irreprensibles delante de Ti, en el día de la venida de nuestro Señor Jesucristo con todos Sus Santos *(1 Tesalonicenses 3:12-13)*.

Padre, Te ruego que (nombres) te amen con todo su corazón, con toda su alma, con toda su mente, con todas sus fuerzas y que amen a su prójimo como a ellos mismos, pues el amarte a Ti de todo corazón y con todo el entendimiento, con toda el alma, con todas las fuerzas y el amar al prójimo como a ellos mismos vale más que holocaustos y sacrificios *(Marcos 12:30-33)*.

Te ruego, Padre, que (nombres) te honren, te teman y que cumplan y obedezcan Tus mandamientos siguiendo Tus caminos, amándote y adorándote con todo su corazón y con toda su alma. Amén *(Eclesiastés 12:13; Deuteronomio 10:12-13)*.

Jueves: guerra espiritual y protección

I Protección:
Orar:

1. Que Dios envíe sus ángeles guardianes sobre la vida de los misioneros, ministros, líderes espirituales, sobre sus familias y propiedades, haciendo que un cerco los proteja de todo lo que entra o sale y de todo lo que los rodea, sobre ellos y debajo de ellos.

2. Que los ángeles vayan delante peleando la batalla en favor de ellos. (Ejemplo: Cuando el ángel Miguel, uno de los principales príncipes, peleó la batalla en favor de Daniel) *(Daniel 10:13)*.

3. Que Dios deshaga todos los ataques, los lazos y las trampas del diablo, guardando a los líderes de las redes que el enemigo haya preparado para que caminen seguros *(Salmo 35; 37; 141: 9,10)*.

4. Que Dios sea el "refugio" de los líderes y los guarde de la angustia rodeándolos con cánticos de liberación *(Salmo 32:7)*.

5. Por la protección de los líderes *(Salmo 91)*.

6. Que el Espíritu Santo abra los ojos de los líderes para poder discernir las conspiraciones, las asechanzas y trampas del enemigo.

7. Que el Espíritu Santo vaya delante de ellos, enderezando los lugares torcidos, quebrantando las puertas de bronce y haciendo pedazos los cerrojos de hierro *(Isaías 45:2)*.

II Tentación
Orar:

1. Que los misioneros, ministros y líderes espirituales se mantengan firmes y no caigan por las dificultades de los últimos tiempos transformándose en hombres amadores de sí mismos, amantes del dinero, avaros, vanidosos, orgullosos, soberbios, desobedientes a los padres, ingratos, impíos, sin cariño ni compasión, que no pueden dominar sus pasiones, siendo crueles, enemigos de lo bueno, traidores, atrevidos, amadores de los placeres más que de Dios *(2 Timoteo 3:2-4)*.

2. Que los líderes no caigan en los deseos de la carne, en los deseos de los ojos y el orgullo de las riquezas *(1 Juan 2:16)*.

3. Que caminen humildemente delante de Dios.

4. Que los líderes estén bien solidificados en la Palabra de Dios.

III. Engaño
Orar:

1. Que los líderes no sean engañados ni desviados del camino de Dios por causa de falsas doctrinas o falsos profetas *(Mateo 24:24)*.

2. Que no sean engañados por los milagros y prodigios que pueda realizar el enemigo.

3. Que los líderes sean guardados de equivocaciones y que conozcan la verdad y la verdad los mantenga libres.

4. Que los líderes guarden la Palabra en sus corazones.

5. Que no caminen en hipocresía ni que sean atados y ligados por espíritus religiosos.

6. Que sigan el amor a la verdad.

7. Que los líderes no sean engañados por espíritus anticrísticos y diabólicos que operan haciendo milagros y
prodigios.

IV. Enemigos

Orar:

1. En contra de los principados, potestades, gobernadores
de las tinieblas y huestes celestiales de maldad en las
regiones celestes que se oponen a los líderes, a su familia,
ministerio y a los países donde se encuentran *(Efesios
6:12)*.

2. Orar en contra del ocultismo: maldiciones, brujería,
adivinación, hechicería:

a. Atar al hombre fuerte *(Mateo 12:29; 16:19; Salmo
149)*.

b. Destruir la obra del enemigo (ver ej. de oración en el
capítulo: El Nombre de Jesús). Por esto apareció y fue
manifiesto Jesús *(1 Juan 3:8)*.

c. Pedir a Dios que deshaga las señales de los falsos
profetas y que enloquezca a los adivinos *(Isaías 44:25)*.

d. Enviar de vuelta con doble poder, (fuerza), los ataques de destrucción enviados a los líderes, su familia y
sus propiedades *(Apocalipsis 18:6)*.

e.Orar que los enemigos caigan en sus propias trampas,
haciendo que los líderes caminen protegidos *(Salmo
141:9-10)*.

f. Pedir a Dios que Él vindique a su pueblo *(Salmos 35 y
37)*.

g. Pedir a Dios que Su perfecta voluntad se lleve a cabo
en la vida de los líderes.

h. Pedir a Dios que restaure aquello que el enemigo ha
tratado de robar, matar y destruir.

i. Pedir al Espíritu Santo que los líderes sean llenos de los frutos del Espíritu, y que ministren la restauración *(Mateo 12:35-36; Gálatas 5:22,23; Isaías 61).*

Definiciones:

Oculto: escondido; escondido de los ojos o del entendimiento; invisible; secreto; desconocido; no descubierto; no detectado.

Maldición: pronunciar un deseo diabólico en contra de otra persona; invocar lo malo sobre una persona; desear un daño o un mal sobre la vida de alguien; incomodar; estorbar; perturbar; provocar; influenciar hacia lo malo; maldecir; atormentar trayendo grandes calamidades.

Hechicería: práctica de las brujas; agoreros o sortílegos: brujo; encantamiento; poder sobrenatural otorgado por el diablo.

Adivinación: acto de adivinar; predecir eventos futuros o manifestar secretos o cosas hechas en las tinieblas, haciéndolo por medio de seres superiores.

Sortilegios: magia; encantamiento; hechicería; adivinación con la ayuda de espíritus del mal o de poderes diabólicos.

Oración del día jueves
Seguridad, protección y liberación del temor

Padre, vengo delante de Ti, en el Nombre de Jesús, nuestro sumo sacerdote, el que puede compadecerse de nuestras debilidades porque Él también estuvo sometido a las mismas pruebas que nosotros. Vengo delante de Ti a interceder por la vida de (nombres) *Hebreos 4:15.*

Viva el Señor y bendita sea la Roca. Enaltecido sea el Dios de nuestra salvación pues Tú vengas y castigas a quienes dañan a (nombres) y sometes pueblos debajo de ellos. Tú eres quien los libra y los rescata de la furia de sus enemigos, los elevas sobre los rebeldes que se han alzado en contra de ellos.

Tú Señor, los salvas de los hombres violentos, por tanto te alabarán entre las naciones y cantarán a Tu nombre, pues Tú les concedes libertad, grandes victorias y triunfos mostrando a Tu ungido, Tu amor y Tu misericordia *(Salmo 18:46-50)*.

Padre, (nombres) escuchan y oyen Tu voz y por esto vivirán confiadamente, en paz, tranquilos y sin temor al mal. Porque han hecho de Ti, el Altísimo, su refugio y su lugar de protección, no les sobrevendrá mal alguno, ni plaga o enfermedad tocará su morada *(Proverbios 1:33; Salmo 91:9-10)*.

Padre, te ruego que (nombres) se vistan de toda Tu armadura para que puedan resistir al enemigo cuando ataque en el día malo para que al terminar la batalla estén aún firmes y en pie, ceñidos sus lomos con la verdad, vestidos con la coraza de justicia y calzados los pies con el apresto del Evangelio de la paz. Te pido que sobre todo tomen el escudo de la fe, con el cual podrán apagar todos los dardos de fuego que arroja Satanás y la espada del Espíritu que es la Palabra de Dios. Te ruego que oren en todo tiempo con toda oración y súplica en el Espíritu y velando en ello con toda perseverancia y súplica por todos los santos *(Efesios 6:13-18)*.

Te agradezco, Padre Divino, que Tu justicia hará frente a (nombres) y quedarán libres de opresión, miedo y el temor no volverá a inquietarlos. Si alguien conspira en contra de ellos, lo hará sin Ti, oh Dios, y si alguien llegara a hacerlo, delante de ellos caerá. Padre, Tú has declarado que ningún arma labrada contra ellos prosperará pues aún nadie ha hecho el arma que pueda destruirlos, y condenarás toda lengua que se levante en su contra. Pues ésta es la herencia que das a Tus siervos y su salvación de Ti vendrá *(Isaías 54:14,17)*.

Pues Tú, oh Dios, no les has dado espíritu de temor, ni de cobardía, sino un espíritu de amor, de poder y dominio propio *(2 Timoteo 1:7)*.

Padre, te ruego, que (nombres) sean fuertes y valientes, que no teman ni desmayen porque Tú estás con ellos dondequiera que ellos vayan. Pues más poderoso y fuerte eres Tú que estás junto a ellos que el que está en el mundo *(Josué 1:9; 1 Juan 4:4)*.

Gracias Padre que el ángel del Señor acampa alrededor de (nombres) pues ellos tienen temor de Ti y Tú los defiendes, los proteges y les infundes confianza evitando que caigan en alguna trampa *(Salmo 34:7; Proverbios 3:26)*.

Te agradezco Padre porque Tú, por medio de Jesús, les has dado poder y autoridad para hollar serpientes y escorpiones y nada los dañará *(Lucas 10:19)*.

Enemigos

Oh, Padre, te ruego que guardes y protejas a (nombres) como la niña de Tu ojo; escóndelos y cuídalos bajo la sombra de Tus alas de la vista de los malos que los oprimen y atacan, y de aquellos enemigos mortales que los rodean en busca de su vida *(Salmo 17: 8-9)*.

Padre, oponte a los que a (nombres) se oponen, y ataca a aquellos que los atacan, pues ellos han puesto sus ojos en Ti, y en Ti han confiado buscando protección y refugio, no los desampares. Guárdalos de los lazos que les han tendido; líbralos de las trampas de los malhechores; haz que los malvados e impíos caigan en sus propias redes mientras que ellos son librados y siguen adelante *(Salmo 35:1; 141:8-10)*.

Tentación

Padre, Te pido que no dejes caer a (nombres) en tentación y que los libres del mal *(Mateo 6:13)*.

Padre Celestial, te agradezco que no hay tentación o malos deseos que hayan sobrevenido a la vida de (nombres) que no sean humanamente soportables. Ellos pueden estar confiados en Tu fidelidad, pues no dejarás que la tentación sea más fuerte de lo que puedan resistir. Tú lo prometiste y nunca faltas a Tu Palabra, sino que darás juntamente con la tentación la salida para que puedan resistir la tentación con paciencia *(1 Corintios 10:13).*

Gracias por Tu gracia, por Tu bondad y por lo que Tu Palabra declara: "Dios resiste a los soberbios, pero da gracia y fuerza a los humildes". Te pido que (nombres) se sometan a Ti para así poder resistir al diablo haciendo que él huya de ellos. Te ruego que se acerquen a Ti, así Tú te acercarás a ellos. Haz que sus manos sean limpias y sus corazones purificados para no ser de doble ánimo *(Santiago 4:6-8).*

Padre, teniendo nosotros un sumo sacerdote, Jesús Tu Hijo, el cual puede compadecerse de nuestra debilidad, porque El pasó por las mismas pruebas y tentaciones que nosotros, sólo que Él jamás pecó, Te ruego que (nombres) se acerquen confiadamente al trono de la gracia para alcanzar misericordia y hallar gracia para el oportuno socorro en su hora de necesidad *(Hebreos 4:14-16).*

Engaño

Te ruego Padre, que se cuiden de los falsos profetas, aquellos que pretenden hablar de parte de Dios, los cuales vienen disfrazados de inocentes ovejas y por dentro son lobos rapaces. Te pido que (nombres) por sus frutos, por sus acciones y por una manera de comportarse los puedan reconocer, pues todo buen árbol produce buenos frutos y el malo, frutos malos *(Mateo 7:15-17).*

Te pido que tengan cuidado que nadie los engañe, porque vendrán falsos Cristos, falsos profetas y harán grandes señales y prodigios con el solo fin de engañar, y aun si fuese posible a los escogidos *(Mateo 24:4,24).*

Padre, te pido que todo lo que (nombres) escuchen de parte de aquellos que dicen ser inspirados por Dios pero no lo son, lo pongan a prueba; que vean si todo espíritu es de

Dios; porque muchos falsos profetas han salido al mundo. Pero de esta manera conocerán quién tiene el Espíritu de Dios: Todo espíritu que confiesa que Jesucristo ha venido en carne es de Dios *(1 Juan 4:1-2)*.

Padre, te ruego que <u>(nombres)</u> no se dejen engañar ni dañar la fe y el gozo por medio de filosofías y huecas sutilezas, porque ellos no se apoyan en Cristo sino en las tradiciones de los hombres y en los poderes que dominan este mundo *(Colosenses 2:8)*.

Venciendo los poderes de las tinieblas

Gracias Padre, porque Tú has dado las llaves del reino de los cielos y todo lo que se ata en la tierra será atado en los cielos, y todo lo que se desatare en la tierra, será desatado en los cielos *(Mateo 16:19)*.

Padre, en el Nombre de Jesús, yo ato y echo fuera de la vida de <u>(nombres)</u>, de su familia, de su ministerio y de todo lo que les pertenece, todo principado, potestad, gobernador de las tinieblas o hueste celestial de maldad; toda clase de ocultismo, maldiciones, hechicería, brujería y adivinación. Destruyo la obra del enemigo sobre ellos y vengo en contra de todo poder mental, emocional o ligadura de alma que no glorifique Tu Santo Nombre.

Padre, te ruego que los perdones por sus pecados del pasado y de su juventud, por sus vanos juramentos, por sus pactos con fuerzas del mal, por acuerdo en mentiras y por los pecados y las iniquidades de sus padres, aun hasta la tercera y cuarta generación, incluyendo toda maldición y palabra negativa hablada en contra de ellos, en el Nombre de Jesús.

Yo desato a <u>(nombres)</u>, a su familia y a aquellos que trabajan junto a ellos en el ministerio y todo lo que les pertenece ante la gloriosa libertad de ser Hijos Tuyos, en el precioso Nombre de Jesús; y si el Hijo los libertare, serán verdaderamente libres *(Proverbios 6:16-19; 12:13-14; 13:2-3; Juan 8:36;*

Santiago 4:11-12; Lucas 6:37-38; 2 Tesalonicenses 2:10-12; Romanos 2:1-6; Hebreos 3:19; 4:11; Salmo 25:7; Jeremías 31:19).

Gracias Padre, porque (nombres) han vencido al enemigo por medio de la Sangre del Cordero y la palabra de su testimonio, no teniendo miedo a perder la vida sino que están dispuestos a morir *(Apocalipsis 12:11).*

Te agradezco Padre porque (nombres) tienen redención y perdón de pecados según la riqueza de Tu gracia *(Efesios 1:7).*

Padre, te doy gracias que (nombres) han sido salvos de los poderes del enemigo *(Salmo 107:2).*

Estando ya justificados (libres de culpa) por medio de la Sangre de Jesús serán salvos de la ira del castigo final; porque si Tú, aún cuando eran Tus enemigos los pusiste en paz contigo mediante la muerte de Tu Hijo, ahora aún más serán salvos por Jesús, al estar reconciliados Contigo.

Gracias Padre, que al que no conoció pecado, lo hiciste pecado para que (nombres) fuesen hechos justicia en Ti por medio de Jesús *(2 Corintios 5:21).*

Padre, te ruego que no haya dioses ajenos en la vida de (nombre); ni que adoren a dioses extraños; te pido que no se unan a un yugo desigual con los incrédulos porque ¿qué compañerismo tiene la justicia con la injusticia y qué comunión la luz con las tinieblas? *(Salmo 81:9,12; 2 Corintios 6;14).*

Gracias Padre Celestial, porque (nombres) son Tu templo y el Espíritu de Dios mora en ellos *(1 Corintios 3:16).*

Viernes

Prioridades

I. Finanzas
Orar:

1. Pida que el Señor permita que los líderes vivan en prosperidad física, mental y espiritual.
2. Agradezca a Dios por proveer toda sus necesidades:
   a. personales
   b. familiares
   c. ministeriales
3. Pídale al Señor que levante personas que sean obedientes al dar, para que ofrenden al ministerio, y a la misma vez, ore que ellos sean prosperados.
4. Pida que Dios le dé gracia al ministerio delante de la congregación que ofrenda.
5. Agradezca a Dios pues es Él quien reprende al devorador cuando viene a robar lo que le pertenece al ministerio, o a los líderes por los cuales usted está orando.

II. Prioridades
Orar:

1. Por discernimiento para poner las prioridades en orden.
2. Que los líderes estén abiertos a los cambios que Dios quiera realizar en sus vidas.
3. Que los líderes aprendan a ser sabios administradores de su tiempo, usándolo prudentemente; y que comiencen a ser disciplinados.
4. Que la relación que los líderes comparten con Dios siempre sea la prioridad más importante.

III. Bendiciones

Orar:

1. Ruegue a Dios que los bendiga porque ellos ofrendan, dan sus diezmos y son dadores gozosos.

2. Agradezca a Dios que Su Palabra declara que Él se goza en bendecir a Sus siervos; ruéguele que bendiga a los líderes por quienes está orando.

3. Agradezca a Dios porque continúa bendiciendo a Sus líderes aun a medida que pasan los años y continúan en Su reino.

Oración del día viernes

Finanzas

Padre, te alabo por lo fiel que eres a Tu Palabra. Te pido en este momento, que ella sea inspirada por el Espíritu Santo para que al orar, los propósitos de Tu corazón sean cumplidos.

Dios, Tú amas a (nombres) y ellos te aman a Ti; te ruego que te busquen diligentemente para así hallarte, pues Tú eres quien otorgas riquezas y honra, grandes honores y prosperidad *(Proverbios 8:17-18)*.

Padre, a aquellos que te aman, Tú otorgas Tu heredad y llenas sus casas de tesoros *(Proverbios 8:21)*.

Gracias Padre, porque el Señor es el pastor de (nombres) y a ellos nada les faltará. Te agradezco por la gracia de nuestro Señor Jesucristo pues siendo rico se hizo pobre, para que ellos en su pobreza sean enriquecidos *(Salmo 23:1; 2 Corintios 8:9)*.

Padre, Te pido que (nombres) tengan compasión de los pobres, pues el que presta a los pobres, al Señor presta; y el bien que ellos hacen, Tú se lo volverás a pagar *(Proverbios 19:17)*.

Padre, te ruego que así como (nombres) dan, Tú les des, en una medida buena, apretada, remecida y rebosando en su regazo, pues Tú los medirás con la misma medida con que ellos midan *(Lucas 6:38)*.

Padre, permite que (nombres) siembren generosamente y generosamente también segarán. Haz que den de acuerdo a lo que se han propuesto en su corazón, no con tristeza, a la fuerza ni por necesidad, sino porque Tú amas al dador alegre y puedes darles a (nombres) en abundancia toda clase de bendiciones para que tengan siempre todo lo necesario, y además les sobre para ayudar en toda clase de buena obra. Como está escrito: "Ha dado generosamente a los pobres y su justicia permanece para siempre". Tú, que otorgas semilla al que siembra y pan al que come, proveerás, multiplicarás y les darás a (nombre) todo lo necesario para su siembra, aumentando sus frutos de justicia. Sí, Tú les darás en abundancia para que ellos den en abundancia *(2 Corintios 9:6-11a)*.

Te agradezco Padre, porque Jesús vino para que (nombres) tengan vida y la tengan en abundancia *(Juan 10:10b)*.

Prosperidad

Alabado sea el Señor; grande es El; quien se agrada en el bienestar de Sus siervos *(Salmo 35:27b)*.

Padre, Te ruego que (nombres) no anden en el consejo de malos; ni que vayan por caminos de pecadores, ni que hagan causa común con los que se burlan de Ti, sino que se deleiten en hacer Tu voluntad y pongan su amor en la ley del Señor, meditando en ella noche y día. Pues aquellos que meditan en Tu palabra son como un árbol plantado a la orilla de un río, que da su fruto a su tiempo y jamás se marchitan sus hojas y todo lo que hace prospera *(Salmo 1:1-3)*.

Te ruego Padre, que nunca se aparte de la boca de ellos Tu Palabra, sino que mediten en ella día y noche para que hagan conforme a lo que en ella está escrito porque entonces Tú los harás prosperar en sus caminos y todo les saldrá bien *(Josué 1:8)*.

Padre, te ruego que (nombres) escuchen Tu voz atentamente para guardar y poner por obra todos los mandamientos que Tú has ordenado y de esta manera los exaltarás sobre las naciones de la tierra, enviarás Tu bendición sobre sus graneros y sobre todo aquello en lo cual ellos pusieren sus manos y los bendecirás en la tierra que Tú les has dado. Los harás sobreabundar en bienes, en el fruto de su vientre, en el fruto de sus bestias y en el fruto de su tierra, en el país que Tú les juraste a sus padres *(Deuteronomio 28:1-3,8,11)*.

Te pido, que sean prosperados en todas las cosas y que tengan salud, así como prospera su alma *(3 Juan 2)*.

Diezmos

Ruego que (nombres) Te honren con sus bienes, riquezas y con los primeros frutos de sus cosechas, y así serán llenos sus graneros con abundancia y sus depósitos del nuevo vino *(Proverbios 3:9-10)*.

Padre, Te pido que (nombres) traigan todos sus diezmos al alfolí y haya así alimento en Tu casa; Te ruego que (nombres) pongan a prueba Tu Palabra para ver como abres, Tú, las ventanas de los cielos y derramas bendiciones sobre ellos hasta que sobreabunden. Reprende al devorador, no permitas que el fruto de la tierra les sea destruído, ni que la vid en el campo sea estéril. Y todas las naciones los llamarán: "Bienaventurados", pues su tierra será una tierra de alegría y felicidad *(Malaquías 3:10-12)*.

Necesidades y prioridades

Padre, Tú que no te negaste a entregar a Tu Hijo Jesús a la muerte por nosotros. ¿No darás también a (nombres) junto con Él, todas las cosas? *(Romanos 8:32)*.

Gracias Padre Eterno, porque Tú consideras la oración de los desvalidos y no desoirás sus ruegos *(Salmo 102:17)*.

Padre, Te ruego que (nombres) busquen primeramente Tu reino y Tu justicia, así todas las demás cosas les serán añadidas *(Mateo 6:33)*.

Te pido Padre, que no se aflijan ni se preocupen por nada, sino que sus peticiones sean conocidas delante de Ti en toda oración y ruego, con acción de gracias; sabiendo que Tu paz que sobrepasa todo entendimiento guardará sus corazones y sus pensamientos *(Filipenses 4:6-7)*.

Padre, Te ruego que (nombres) te honren y teman; pues nada falta a aquellos que te temen y honran. Los leoncillos necesitan y tienen hambre; pero los que te buscan no tendrán falta de ningún bien *(Salmo 34:9-10)*.

Gracias Padre, porque Tú suplirás cada una de las necesidades de (nombres) de acuerdo a Tus riquezas en Gloria en Cristo Jesús *(Filipenses 4:19)*.

Toda buena dádiva y todo don perfecto viene de Ti, El Padre de las luces, en el cual no hay mudanza ni sombra de variación *(Santiago 1:17)*.

Bendiciones

Te bendigo Señor porque cada día colmas las vidas de (nombres) de Tus beneficios. Te alabo Dios de mi Salvación *(Salmo 68:19)*.

Padre, Tu bendición es la que enriquece a (nombres), y ella no añade aflicción ni tristeza *(Proverbios 10:22)*.

Te ruego que (nombres) sean misericordiosos y bondadosos con sus semejantes, así ellos serán bendecidos y benditos *(Proverbios 22:9)*.

Padre, Te pido que sean bendecidos al hallar sabiduría y al obtener entendimiento. Pues en la sabiduría hay largura de días en su mano derecha y riquezas y honra en su izquierda. Sus caminos son deleitosos y el andar en sus senderos es vivir en paz. Ella es árbol de vida para quienes la obtienen y bienaventurados los que saben retenerla *(Proverbios 3:13,16-18)*.

Tú, Oh Dios, otorgas gracia y gloria, y ningún bien se les negará a aquellos que andan en Tus sendas. Señor de los ejércitos, que dichosos son (nombres) pues han puesto su confianza en Ti *(Salmo 84:11b-12)*.

Te ruego que (nombres) se deleiten en Ti y que te amen con ternura, sabiendo que Tú les concederás los deseos y las peticiones de su corazón. Tú conoces sus días y la heredad de ellos será para siempre. No serán avergonzados en el mal tiempo y en los días de hambre serán saciados *(Salmo 37: 4,18-19)*.

Sábado: La familia

La familia en general
Orar

1. Por unidad y entendimiento.
2. Que no se resientan cuando se les pide un sacrificio.
3. Que compartan la visión y tomen parte en ella.
4. Que compartan momentos de oración y devocionales juntos.
5. Que cada uno se mueva en los dones y talentos otorgados por Dios.
6. Que su hogar sea un hogar hospitalario.
7. Que todos estén fervientes en el espíritu sirviendo al Señor.

II Padres
Orar:

1. Que puedan satisfacer las necesidades de su familia en el área emocional.
2. Que no permitan que las preocupaciones del ministerio se interpongan en la familia.
3. Que sean sensibles a las necesidades de la familia.
4. Que fluya la comunicación con cada uno de los miembros de la familia.
5. Que los padres tomen tiempo para escuchar a su familia.
6. Que dirijan devocionales y que tengan momentos de oración con su familia regularmente.
7. Que el tiempo que comparten con su familia, sean momentos enteramente dedicados a ellos.

III. Esposo/sa

Orar:

1. Que reconozcan que son un equipo formado para alentarse y ayudarse el uno al otro en lealtad.

2. Que uno complemente al otro en lo natural y también como líderes.

3. Que puedan discernir las necesidades de su cónyuge; tanto emocionales, físicas, materiales como espirituales.

4. Que en su vida se manifiesten los frutos del Espíritu.

5. Que cada uno tenga, independientemente, su vida de comunión con el Señor donde puedan escuchar Su voz.

6. Que sean fortalecidos para vencer las presiones y el stress.

7. Que resistan vivir de acuerdo a las expectaciones que otros ejerzan sobre ellos y que sean libres para ser diferentes y especiales.

8. Que encuentren el lugar que Dios ha elegido para ellos en Su reino.

IV. Los hijos

Orar:

1. Que los eduquen con un temor reverente a Dios.

2. Que sean llenos de amor, paciencia, entendimiento y lealtad hacia la familia y el ministerio.

3. Que sean rodeados en su lugar de estudio y en su lugar de trabajo por amigos justos y rectos.

4. Que las relaciones entre los hijos sea buena y duradera.

5. Que los hijos tomen parte en el ministerio de los padres, de acuerdo al nivel en que Dios los ha llamado a servir.

6. Que no haya competencia ni resentimiento entre los miembros de la familia.

7. Que sus hijos sean obedientes y rectos.

8. Que sus hijos sean flexibles y fácilmente adaptables a cambios, como mudarse, o a diferentes culturas.

9. Que los hijos sean liberados de sus ropias expectaciones, o de las que otros hayan puesto sobre ellos, las cuales no están en armonía con Dios.

10. Que sus hijos aprendan a escuchar la voz de Dios individualmente.

Oración del día sabado
Familia en general

Padre, en el Nombre de Jesús, Te pido que (nombres) reinen hoy, por medio de Jesucristo, recibiendo la abundancia de Tu gracia y del don de justicia, pues Tus ojos están sobre los justos y atentos tus oídos a sus clamores *(Romanos 5:17; Salmo 34:15)*.

Gracias Padre, porque (nombres) han creído en Ti, y al hacerlo, tanto ellos como su familia, serán salvos. Te agradezco porque ellos y su casa servirán al Señor *(Hechos 16:31; Josué 24:15)*.

Te pido Padre, que (nombres) sean llenos de Tu pleno conocimiento y les des toda clase de sabiduría y entendimiento espiritual, así podrán conducirse como es digno del Señor, haciendo siempre lo que a Ti te agrada dando frutos de toda clase de buenas obras y llegando a conocerte mejor *(Colosenses 1:9-11)*.

Padre, Te ruego que (nombres) no se preocupen diciendo: ¿Qué vamos a comer?, ¿qué vamos a beber?, o ¿con qué vamos a vestirnos? Porque todas estas cosas preocupan a los gentiles pero (nombres) tienen un Padre Celestial que ya sabe que tienen necesidad de estas cosas. Por lo tanto te pido que busquen primeramente Tu reino y Su justicia, sabiendo que todas las demás cosas serán añadidas. Te ruego que no se preocupen por el mañana, porque el mañana está en Tus manos. Haz que sólo confíen en Ti *(Mateo 6:31-34).*

Padre, te agradezco que Tus ojos estén puestos sobre las vidas de (nombres) pues ellos te temen, y Tú cuidas siempre de aquellos que te honran y confían en Tu amor, para salvarlos de la muerte y darles vida en épocas de hambre *(Salmo 33:18-19).*

Te pido Padre, que por medio de la sabiduría (nombres) construyan su casa y con inteligencia y prudencia afirmen sus cimientos, y que con conocimiento llenen sus cuartos de todo bien preciado y agradable; sabiendo que el Señor maldice la casa del malvado, pero bendice el hogar del hombre justo *(Proverbios 24:3-4; 3:33).*

Padre, porque (nombres) te honran y te temen, Tú les mostrarás el camino que deben seguir, los rodearás, gozarán de bienestar y su descendencia heredará la tierra. La comunión íntima Contigo es con aquellos que te temen, eres amigo de quienes te honran y a estos darás a conocer Tu pacto. Los ojos de (nombres) están siempre dirigidos a Ti, porque Tú los libras de todo peligro y sacas sus pies de la red. Todas Tus sendas, Oh Dios, son misericordia y verdad para aquellos que guardan Tu pacto y Tus testimonios. Padre, Te pido en este día que redimas a (nombres) de todas sus angustias *(Salmo 25:12,15,20,22).*

Hijos

Padre, gracias porque los hijos son un regalo y una herencia Tuya. Cosa de estima es el fruto del vientre. Los hijos que nacen en la juventud son como flechas en manos de guerreros. Que bendecidos son (nombres) al tener muchas flechas como éstas. Yo sé, que (nombres) no serán avergonzados por sus enemigos cuando se defiendan de ellos ante los jueces *(Salmo 127:3-5).*

Padre, Tu Palabra declara que al hombre fuerte le arrebatarás lo conquistado y al tirano le quitarás lo ganado.

Tú te enfrentarás con los que buscan pleito y salvarás a Tus hijos *(Isaías 49:25)*.

Padre, Te ruego que (nombres) instruyan a sus hijos en el camino que deben seguir, porque aun cuando fueren viejos no se apartarán de él *(Proverbios 22:6)*.

Te agradezco que sus hijos serán enseñados por Ti y la paz se multiplicará en ellos *(Isaías 54:13)*.

Te ruego, que los hijos de (nombres) los obedezcan en todo porque esto te agrada, y que los honren porque éste es el primer mandamiento el cual tiene una promesa; para que les vaya bien, para que sean felices y vivan una larga vida en la tierra *(Colosenses 3:20; Efesios 6:1-3)*.

Te pido, Padre, que le des a los hijos de (nombres) una lengua de sabios, para saber hablar palabras de consuelo y aliento al cansado. Despierta sus oídos para que escuchen como los sabios. Te ruego que les des entendimiento, que no sean rebeldes y que no se vuelvan atrás. Tú los ayudarás, los insultos no los herirán y se mantendrán firmes como una roca pues Tú no permitirás que sean avergonzados *(Isaías 50: 4-5,7)*.

Te ruego que todos deseen imitar la conducta de los hijos de (nombres) pues no andan desordenadamente entre ellos *(2 Tesalonicenses 3:7)*.

Te pido que (nombres) no provoquen a ira a sus hijos, sino que los crien en disciplina instruyéndolos en el amor del Señor. Haz que tampoco se enojen con sus hijos para que ellos no se desalienten *(Efesios 6:4; Colosenses 3:21)*.

Padre, Te ruego, que los hijos de (nombres) escuchen Tu voz, pues les enseñarás el temor a Jehová. Haz que guarden y refrenen su lengua de hablar mal y sus labios de hablar mentiras. Te ruego que se aparten del mal; que hagan el bien y que busquen la paz y la sigan para así gozar de larga vida *(Salmo 34:11-14)*.

Y te pido Padre, que los descendientes de (nombres) sean conocidos entre las naciones y que todos reconozcan que son Tu linaje bendito *(Isaías 61:9)*.

Esposo

Padre, para que (nombres) sean irreprensibles delante de los hombres, Te ruego que provean para los suyos, especialmente a los de su familia para que no nieguen su fe ni sean peores que los incrédulos *(1 Timoteo 5:7-8)*.

Padre, así como Cristo fue fiel como Hijo sobre su casa, Te ruego que (nombres) sean fieles sobre su hogar *(Hebreos 3:6)*.

Te ruego que cada uno de ellos sepa comportarse santa y respetuosamente; no en pasión de concupiscencia como aquellos que no Te conocen *(1 Tesalonicenses 4:4-5)*.

Te ruego que los esposos sean compresivos con sus esposas y que vivan junto a ellas sabiamente. Haz que ellos les den el honor que les corresponde, no solamente porque la mujer es un vaso frágil, sino también porque Dios en su bondad les ha prometido a ellas la misma vida que a sus esposos. Permite que así lo hagan para que nada estorbe sus oraciones *(1 Pedro 3:7)*.

Esposa

Padre, gracias porque has creado una ayuda apropiada y adecuada para la vida de (nombres) *(Génesis 2:18)*.

Te pido, Padre, que su esposo confíe plenamente en ella y que nunca carezca de ganancias. Te pido que él sea bien conocido en la ciudad, y que se cuente entre los más respetados de su país *(Proverbios 31:11-12;23)*.

Te pido, oh Dios, que la esposa de (nombres) sea revestida de fuerza, dignidad y que se pueda reír del día de mañana, porque el mañana no le preocupa pues su confianza está en Ti. Cuando hable, haz que sus palabras sean sabias y que dé con amor sus enseñanzas. Te pido que minuciosamente observe cuanto sucede en su casa, que considere sus caminos y que no coma de lo que no ha ganado *(Proverbios 31:25-27)*.

Pareja

Te ruego, que (nombres) no amen el dinero y que sus caminos sean sin avaricia; que se contenten con lo que tienen porque Dios ha dicho: "Nunca te dejaré ni te abandonaré" *(Hebreos 13:5; 1 Timoteo 6:6)*.

Te pido que sus respuestas sean siempre amables, pues la blanda respuesta calma la ira y el enojo; mas la palabra áspera hace subir el furor *(Proverbios 15:1)*.

Te ruego que el amor de (nombres) sea un amor sincero, sin fingimiento. Haz que aborrezcan lo malo, siguiendo lo bueno, amándose el uno al otro con amor fraternal, dándose preferencia y respetándose mutuamente. Te pido que sean diligentes, que se esfuercen y no sean perezosos sirviéndote con corazones fervientes; gozosos en la esperanza; soportando con valor los sufrimientos y no dejando nunca de orar. Haz que hagan suyas las necesidades de los que pertenecen al pueblo de Dios, recibiendo bien a quienes los visitan *(Romanos 12:9-13)*.

Familia

Dios, te pido que aquellos que Tú amas y has escogido para que pertenezcan a Tu pueblo sean revestidos de verdad, compasión, bondad, humildad, mansedumbre y paciencia. Soportándose unos a otros y perdonando toda queja que uno tuviere en contra del otro. Así como Tú los has perdonado permite que ellos también perdonen. Sobre todo, haz que se revistan de amor, que es el perfecto lazo de unión y que Tu paz gobierne y dirija sus corazones, porque con este propósito los has llamado a formar un solo cuerpo. Permite que sean agradecidos en todo *(Colosenses 3:12-15)*.

Y Padre, este es Tu pacto con (nombres): "El Espíritu mío que está sobre ti y mis palabras que puse en tu boca, no faltarán de tu boca, ni de la boca de tus hijos, ni de la boca de los hijos de tus hijos, dice Jehová, desde ahora y para siempre" *(Isaías 59:21)*.

Glosario

Adivinación: La práctica que busca el anticipar o prever, o predecir eventos del futuro o descubrir conocimiento escondido con la ayuda de poderes sobrenaturales.

Alabanza (hacia Dios): Expresar un juicio favorable de Dios; comentar, hablar y atribuir aprobación del carácter y acciones de Dios (Hacerlo a El).

Angeles: Seres espirituales creados para servir y ministrar a Dios.

Arrepentimiento: Alejarse del pecado y de pecar y dedicar la vida de uno para agradar a Dios.

Clamar por la sangre de Jesús: Recordarse a sí mismo, y también a Satanás que él no tiene autoridad sobre la persona por la cual estamos orando, por la sangre sacrificada de Cristo Jesús.

Confesión: Declarar una creencia; exponer las faltas de uno.

Cuerpo de Cristo: Todos los nacidos de nuevo en Jesucristo; abarca todas las denominaciones que creen que Jesucristo es Dios.

Demonios: Seres espirituales creados que fueron echados del cielo por Dios por rebelarse en contra de Él y declararse aliados de Satanás; espíritus malos.

Diezmos: El diez por ciento de un pago que voluntariamente es entregado a Dios como un reconocimiento de que todo lo que tiene y viene pertenece a Él. *(Malaquías 3:10)*

Discernimiento espiritual: El don del Espíritu Santo dado a los creyentes para poder distinguir entre lo que es de Dios y lo que es diabólico.

Fortaleza: un lugar fortificado. Un lugar seguro, o donde se sobrevive; dominado por un grupo en especial o con características especiales.

Hechicería: El uso de brujería o magia; comunicación con el diablo o con un espíritu familiar; encantamiento; poder artificial.

Iniquidad: Gran injusticia; debilidad.

Intercesión: Oración, petición o ruego en favor de otro. Por medio de la oración, esto es una extensión del acto de intercesión de Jesús al morir en la cruz en lugar del hombre.

Liberación: Liberar a una persona o área, de ataduras demoniacas.

Lugar santísimo: La sección más íntima del tabernáculo y del templo de Dios. El Sumo Sacerdote iba al lugar santísimo sólo una vez al año, allí se encontraba con Dios y ofrecía una ofrenda de sacrificio de sangre por la expiación de los pecados del pueblo.

Maldición: Maldecir en contra de alguien; invocar el mal sobre alguien; desear que un daño o accidente venga sobre alguien; herir; sujeto al mal; molestar, enojar, irritar, enfadar; ostigar o atormentar con grandes calamidades.

Oculto: ocultismo:literalmente significa "escondido". Escondido de los ojos del entendimiento; invisible; secreto; desconocido; no descubierto; no detectado.

Orar en el Espíritu: Orar en un lenguaje desconocido para la mente de uno.

Pecado: Cualquier cosa en un ser que no exprese o sea contrario al santo carácter del creador.

Petición: Un ardiente y fervoroso pedido a Dios.

Satanás: Querubín creado (ser angelical) llamado Lucifer que fue echado fuera del cielo por Dios, por rebelarse en contra de Él y tratar de robar su gloria. El padre de la mentira.

Sortilegio: Magia; encantamiento; hechicería; adivinación con la ayuda o ayuda supuesta de espíritus malos; el poder de mandar espíritus malos.

Tarea: Trabajo asignado o tarea específica asignada por alguien que tiene autoridad; confianza y responsabilidad para completar una tarea.

Unción: La presencia, poder y ministerio del Espíritu Santo.